DIOS ES JESÚS DE NAZARET

CRISTOLOGÍA DESDE DENTRO

DIOS ES JESÚS DE NAZARET

CRISTOLOGÍA DESDE DENTRO

EDUARDO DELÁS SEGURA

ediciones noufront

Ediciones Noufront
Santa Joaquina de Vedruna, 7
baixos, porta 2
43800 VALLS
Tel. 977 606 584
Tarragona (España)
info@edicionesnoufront.com
www.edicionesnoufront.com

Diseño de cubierta e interior: Ediciones Noufront

Dios es Jesús de Nazaret:
Cristología desde dentro
© 2009 Eduardo Delás Segura
© 2009 Ediciones Noufront

1ª Edición 2007
2ª Edición 2009

Depósito Legal: B-51716-2008
ISBN 13: 978-84-936368-5-2

Impreso en: Publidisa

Dedicatoria:

A mis queridos herman@s que trabajan con amor y generosa dedicación en MEUV (Misión Evangélica Urbana de Valencia) haciendo presente a Jesús de Nazaret.

BOSQUEJO

620)277-9014

EMPERICAL-COM·

INTRODUCCIÓN.

¿Quién es Cristo para nosotros hoy?

La respuesta a esta pregunta no es sólo una respuesta de la razón, sino siempre también una respuesta de la vida. Confesar a Cristo y seguirlo son dos caras de la misma moneda. Necesitamos una respuesta a esta pregunta con la que podamos vivir y morir. Por eso, es preciso afirmar que toda *cristología* está ligada a la *cristopraxis* y debe examinar su credibilidad a la luz de ésta[1]. "El que quiera hacer la voluntad de Dios, conocerá si la doctrina es de Dios, o si yo hablo por mi propia cuenta" (Jn-. 7:17). El verdadero conocimiento, más que conducir a la obediencia se gesta a partir de la obediencia.

La persona, la vida, la muerte y la resurrección de Jesucristo son tan centrales, que se ha dicho con razón que el cristianismo es Cristo. Él es la fuente, el centro y el fin, el alfa y la omega de lo que el cristianismo significa y anuncia al mundo. La teología cristiana, en consecuencia, será esencialmente cristocéntrica. Eso no quiere decir que la cristología agote la teología, pero sí que la dota de una clave necesaria de interpretación, constituyéndose así en principio hermenéutico de todo el edificio. La antropología, la eclesiología, la pneumatología, la escatología, configuran distintos aspectos

---

[1] MOLTMANN J. "Cristo para nosotros hoy". Editorial Trotta. 1999. Pág. 9

de un edificio teológico que busca y encuentra su propia unidad, coherencia y significado en la persona y obra de Jesús.

Con todo, es necesario reconocer que el problema de la credibilidad atañe a la grandeza del cristianismo, así como a la radicalidad de sus exigencias. El cristianismo se presenta como algo escandaloso porque, si todas sus pretensiones sobre Jesús de Nazaret han de encontrarse con el sufrimiento, la cruz y la muerte, entonces hay mucho que explicar. Conviene, pues, tomar nota que existe en los mismos cimientos de este acontecimiento un exceso de significado que desborda toda lógica humana y que, por tanto, es necesario descodificar a partir de la investigación hermenéutica y del discernimiento cristiano.

En la primera epístola a los Corintios, el apóstol Pablo habla en su predicación de un "Cristo crucificado, escándalo para los judíos y locura para los gentiles" (1ª Co. 1:23). Por el contrario, "para los llamados, así judíos como griegos, Cristo poder de Dios y sabiduría de Dios". La salvación por la encarnación, la cruz, la muerte y resurrección no pueden menos de presentarse como un escándalo, tanto hoy como ayer.

En este sentido es típica la predicación de Pablo en Atenas. Lo han tratado de charlatán, de predicador de divinidades extranjeras (Hch. 17:18), le han acusado de decir cosas extrañas (Hch. 17:20). Mientras habla de un Dios creador, le toleran. Pero cuando se pone a proclamar la salvación en Jesucristo, resucitado de los muertos y glorificado, unos se burlan de él, otros le miran con aire compasivo y perdona vidas y sólo unos pocos creen (Hc h. 17:32-34). Este relato es como el paradigma de las respuestas del ser humano a Cristo y al cristianismo. El mensaje cristiano es escandaloso, provocativo. Además, llega hasta nosotros no como un hecho científico, sino a través de unos testimonios de fe personal y comunitaria, en los que el acontecimiento se entrelaza con su sentido salvífico. No se ofrece como una información, sino como un llamado a la conversión.

La palabra de Cristo pone en juego el sentido de toda la existencia humana. Es así de radical. Y, entonces, no se trata ya de aportar a nuestra visión del mundo unas correcciones de detalle. Se trata de orientar de otra manera todo nuestro ser. Es cuestión de que nos juguemos el todo por el todo. Porque la opción por Cristo compromete el presente y la eternidad. Esta es, entonces, la doble faceta de la fe cristiana. Por una parte, hay que afirmar que la fe como adhesión a la persona de Cristo no es una conclusión de tipo inductivo, sino entrega de todo el ser a Dios, que se ha entregado primero en la persona del Hijo. Ahora bien, la fe entendida como radical adhesión no significa hundimiento en la inconsciencia, ni fracaso de la razón arrinconada en el fideísmo. Nada de eso. Antes de creer y para creer hay que saber. En su raíz, la fe es un acto de inteligencia. Dice opción por Cristo, pero también lucidez. La persona que se compromete por Cristo ha de tener razones válidas para hacerlo. Unas razones que puedan ser explicadas a partir de un discurso coherente.

No cabe engañarse, el futuro de la cristología no puede ser confiado únicamente al entusiasmo de la piedad cristiana. Es cierto que de ella hay que partir siempre, porque el Cristo creído e interiorizado por millones de personas de todos los continentes es la principal garantía de futuro de la cristología. Lo que se ama no se desecha. Pero no todo puede ser encomendado a la emoción y al sentimiento. Aquí conviene recordar el sabio consejo: piensa el sentimiento, siente el pensamiento. Son necesarias las buenas razones, la reflexión, el estudio, el análisis. De hecho, ni Jesús ni los que recogieron su legado descuidaron la argumentación. El Nuevo Testamento insiste en la necesidad de dar razón de la esperanza cristiana.

Por tanto, desde ahí debe legitimar sus afirmaciones y aprender a argumentar desde presupuestos sujetos a crítica[2].

Por consiguiente, la teología tiene que poder establecer que Jesús no solamente pertenece a la realidad de la historia humana, sino que además es cognoscible; no sólo que podemos acceder a su mensaje, sino que ese mensaje descifra la condición humana en todas sus dimensiones y la realiza más allá de todas las posibles previsiones; no sólo que Jesús fue un gran profeta entre los hombres, sino además que en su vida, en su muerte y en su resurrección hay signos inequívocos de su identidad como Dios y hombre verdadero entre nosotros. Esta investigación teológica no exige la fe, pero la hace posible, ya que al proponer el cristianismo como creíble hace aparecer la opción de la fe como razonable. Así pues, enfrentarse con el problema de la credibilidad del cristianismo es tocar el punto central de la teología fundamental, ya que este problema se sitúa en la base de la cuestión sobre el ser humano y de la cuestión sobre Dios en la persona de Jesucristo.

No podemos hablar sobre Jesucristo sino únicamente a partir de él

¿Cómo hemos de entender el que Jesús, judío de Nazaret, de la despreciada Galilea, jurídicamente hijo del carpintero José y de Maria, cuyos hermanos son conocidos como Santiago, José, Judas y Simón (Mr. 6:3; Mt. 13:55-56), nacido bajo

---

[2] AGUIRRE R./FRAIJÓ M. "25 años de Teología: Balance y perspectivas". PPC. 2006. Pág. 148

el emperador romano Augusto, crecido bajo el gobernador de la provincia de Siria Cirenio (Lc. 2:1-2), siendo procurador de Judea Poncio Pilato (Lc. 3:1), crucificado bajo el poder de Tiberio y resucitado al tercer día?. ¿Cómo hemos de entender que ese hombre concreto, con su historia personal y perfectamente datable, sea al mismo tiempo Dios?. ¿Qué grandeza, qué soberanía y qué profundidad tendría que haber revelado y vivido para que pudiera llamársele verdadero Dios?. ¿Qué significa la unión de ambos, Dios y el hombre, en un ser histórico llamado Jesús de Nazaret[3]?.

Nos hallamos ante un dato central que sitúa al cristianismo a un nivel totalmente aparte, dentro del conjunto general de las religiones. Desde el momento en que el cristianismo afirma que un hombre es al mismo tiempo Dios, se distancia y se hace único en el mundo. Porque para todos los hombres y mujeres religiosos de este mundo fuera del cristianismo, Dios (cualquiera que éste sea) es un ser trascendente, totalmente otro, incomprensible y superior a todo lo que se puede conocer. Sin embargo, para el cristianismo Dios aparece remitido a la persona de Jesús de Nazaret. En su vida, en sus palabras y actitudes, en su muerte y su resurrección aparecen las huellas que le señalan como verdadero Dios y verdadero hombre.

La fe ha tratado siempre de vislumbrar lo que significa la afirmación: "Jesús es verdadero Dios y verdadero hombre". La fe que busca el entendimiento se llama teología y, en este caso concreto, cristología. La teología (cristología) no quiere ni debe poner en jaque a la fe sino, por el contrario, ayudar a esclarecerla. Pretende ampliar en todo caso los espacios de la fe, no para violar su intimidad, sino para poder llegar hasta los límites donde la razón ha de dejar paso a la fe, pero entonces, a

---

[3] BOFF L. "Jesucristo el Liberador". Sal Terrae. 1987. Págs. 190-192

una fe robusta, formada y con un discernimiento de la persona de Dios mucho más profundo. Por eso, el hablar cristológico no podrá ser nunca un hablar *sobre* Jesús. No disponemos de una instancia superior desde la que podamos hablar sobre él como de "un Jesucristo dogmatizado". Nada de eso. El verdadero teólogo sólo puede hablar *a partir del* Jesús de las Escrituras, es decir, afectado por su realidad vivida en la fe y en el amor.

Nuestros conceptos y fórmulas constituyen el vaso externo y frágil que contiene la preciosa esencia. No agotan el misterio, desean comunicarlo aunque sea de un modo imperfecto, pero siempre con un lenguaje comprensible para cada época[4]. Ni siquiera los dogmas son capaces de plasmar con exactitud la realidad de Dios porque, en realidad, son sólo fijación verbal y sistemática, con el auxilio de los medios de expresión que la cultura ambiental ofrece, de las verdades fundamentales del cristianismo en una época determinada.

Tradicionalmente, la teología dogmática suscribía la declaración: "Jesucristo es Dios". Y, desde luego, se trata de una profesión de fe cristiana absolutamente incuestionable. Sin embargo, pronunciar estas palabras puede dar por hecho el conocimiento de quién es Dios antes de saber nada de Jesús. Pero esto no es lo que dicen las Escrituras. Porque según los evangelios está claro que nosotros no conocemos plenamente a Dios, ni sabemos quién es realmente. Para eso tuvo que aparecer en la historia Jesús de Nazaret. Por tanto, tendríamos que suscribir que no sabemos lo que hay detrás de la palabra Dios a no ser, precisamente, porque Dios se ha encarnado: "A Dios nadie le ha visto jamás, el unigénito Hijo que está en el seno del Padre, él le ha dado a conocer" (Jn. 1:18). Y, curiosamente, cuando miramos a Jesús de Nazaret percibimos que

---

[4] BOFF L. Op. Cit. págs. 192-193

no es el poder inapelable y la grandeza apabullante lo que más nos informa sobre lo que es Dios, sino la sencillez de una vida disponible para los demás que hay que "leer" en clave de "relato de Dios"[5].

En consecuencia, es necesario concluir con toda firmeza que Cristo es Dios, no a pesar de su humanidad, sino precisamente a través de ella. Y, desde esa condición humana semejante a la nuestra, entonces, "descodifica" a un Dios que de otro modo nos sería incognoscible. Porque, en el fondo, lo que importa e interesa subrayar en las páginas siguientes no es sólo que Cristo es Dios, sino conocer con la misma intensidad *quién* es Dios y *cómo* es Dios a partir de su manifestación histórico temporal[6]. Por consiguiente, no se trata tanto de apostar por la dialéctica: cristología "desde abajo", cristología "desde arriba", sino de discernir que toda comprensión del acontecimiento Cristo es deudora de una cristología "desde dentro".

[5] GONZÁLEZ FAUS J.I. "La autoridad de la verdad". Sal Terrae. 2006. Pág. 280

[6] DELÁS E. "Dietrich Bonhoeffer: Un teólogo a contratiempo". DSM. Edición 2006. Págs. 79-80

1

APROXIMACIÓN A SU ORIGEN TRINITARIO

1.1 JESUCRISTO COMO EL CENTRO DEL DISCURSO TRINITARIO.

Creemos en un Dios Uno y Trino, Padre, Hijo y Espíritu Santo. Esta profesión de fe recoge dos elementos fundamentales que son objeto de revelación por parte de Dios mismo. El primero es el monoteísmo: Dios es uno y único. Esta es la gran herencia que como cristianos recibimos del Antiguo Testamento. El segundo especifica la originalidad cristiana: Creemos en un Dios que es uno y que, siendo uno, es Padre, Hijo y Espíritu Santo.

Esta originalidad tiene su centro y fuente en Jesucristo, en la revelación que él nos ofrece de Dios. Esta manifestación se nos ha dado a través de su mensaje, de su praxis, de su misma existencia y persona y, de manera culminante, en su muerte y resurrección. Por eso, la pascua es el centro de la fe cristológica, ya que a partir de ella confesamos que el crucificado ha resucitado. Pero también es el centro de la fe trinitaria, porque en la pascua, Dios se revela como el Padre del crucificado-resucitado, que da el Espíritu para la salvación de las personas.

1.2 LA VIDA DE JESUCRISTO COMO ACONTECIMIENTO TRINITARIO.

El relato evangélico de la vida de Jesús nos ofrece, mediante una cuidadosa lectura, una figura bien definida de la Trinidad. La historia teológica de Jesús es la historia del Hijo en sus relaciones con el Padre, y no sólo la historia de un hombre en sus relaciones con Dios[7]. Jesús se interpretó a sí mismo como el Hijo, de tal modo que la revelación de Dios-Abba y su relación con él preside todos sus movimientos. La predicación del reino y toda su actividad en este mundo se sitúan en el marco de las relaciones con el Padre. Por eso, estas relaciones no pueden entenderse sólo en el sentido monoteísta propio del judaísmo, sino que deben interpretarse a nivel trinitario: Jesús revela a Dios como Padre del Hijo y se revela a sí mismo como este Hijo del Padre[8].

Pero hay más, porque el bautismo, las tentaciones, la predicación y toda la actividad de Jesús, se realizan bajo la guía del Espíritu (Lc. 3:21-22; Mt. 4:1-10; Lc. 4:18-21). La historia de Jesús, por tanto, no se puede entender sin la acción del Espíritu, como tampoco se puede entender sin el Dios al que llamó "Padre". Por consiguiente, la misión del Hijo aparece insertada en un movimiento que se produce en la comunidad divina y no sólo "ad extra". Este movimiento viene de la diferenciación personal dentro de la unidad de Dios. Es a partir

[7] MOLTMANN J. "Trinidad y Reino de Dios". Sígueme. 1983. Pág. 90

[8] CODA P. "Dios uno y Trino". Secretariado Trinitario. 1993. Págs. 14-16

de este horizonte que desborda toda comprensión humana, que se hace posible acoger la vida del Hijo en este mundo como iniciativa del trino Dios eterno.

1.3 LA MUERTE DE JESUCRISTO COMO ACONTECIMIENTO TRINITARIO.

Según las esperanzas judías, el Mesías libertador debía manifestarse en Jerusalén. No es un hecho casual que la vida de Jesús concluya en la capital judía una noche de Pascua. El testimonio de los evangelios habla de varias venidas a Jerusalén para la celebración de la fiesta. Pero su última cena pascual adquiere un valor decisivo, tanto en su relación con la historia precedente, como en relación con lo que sucedería después. Puede decirse que en este momento se concentra todo el significado del proyecto mesiánico de Jesús, que él ilumina y carga de un nuevo valor relacionándolo con la antigua Pascua del éxodo, como una realización escatológica de la misma en relación con su propio sacrificio en la cruz.

En la cena pascual Jesús nos ofrece una interpretación actualizante de la nueva Pascua y una interpretación profético-escatológica de la nueva alianza. Todo esto se expresará con claridad en las palabras del pan y el vino, símbolo de la autodonación del Dios y hombre verdadero. A la luz, entonces, de la última cena el acontecimiento pascual de Jesús adquiere el significado escatológico de establecimiento de la nueva alianza, y de la llegada de aquel reino de Dios que él mismo había anunciado.

Bajo esta nueva luz, en el testimonio de los evangelios y en el epistolario paulino, la Pascua de Jesús se nos presenta ante todo e inseparablemente, como acto del Padre, del Hijo y del Espíritu Santo. Es un acontecimiento que afecta al Padre, en cuanto que la muerte de Jesús debe comprenderse dentro del proyecto de salvación del Dios-Abba que envía. Es además, un acto del Hijo, en cuanto que libremente se entrega al sufrimiento, la cruz, la muerte y la resurrección, por y para nosotros. Y es, finalmente, un acto del Espíritu en cuanto que éste dirige y orienta la consumación de la obra del Hijo, que inaugura la etapa del cumplimiento de las promesas[9].

1.4 SÍNTESIS CRISTOLÓGICO-TRINITARIA DE TODA TEOLOGÍA.

El camino por el que Dios viene a nosotros y nosotros vamos a él, no se ha dejado a nuestro capricho y elección, sino que nos ha sido señalado por Dios mismo: Todo nos viene del Padre, por medio del Hijo encarnado, Jesucristo, en la presencia en nosotros del Espíritu Santo. Y, de este modo, en la presencia del Espíritu Santo, por medio del Hijo encarnado, Jesucristo, todo debe retornar al Padre y alcanzar su fin último. Es la dialéctica cristológico-trinitaria de la historia de la salvación en la economía de Dios.

En el capítulo primero de la epístola a los Efesios, aparece un "himno cristológico" con función de prólogo. En él se narra el proyecto de salvación cuyo fundamento y estructura es el misterio trinitario. Ahora bien, si el misterio trinitario es el fundamento, hay que añadir sin caer en contradicción que su manifestación histórico-temporal posee una estructura cristológica. De modo que, la triple repetición de la fórmula distintiva y única del himno: "Para alabanza de la

---

[9] CODA P. Op. Cit. Págs. 121-124

gloria" referida a cada una de las tres personas de la Trinidad, encuentra en la revelación de Cristo la clave de todo el misterio cristiano. A este respecto, podemos afirmar que ambas perspectivas se implican, pues sólo por Cristo en el Espíritu tenemos acceso al Padre y, con ello, al corazón de la Trinidad. Cristo y la cristología, si se ven en toda su amplitud, nos remiten necesariamente al misterio trinitario. Por esa razón, también en la historia del desarrollo del dogma se nos hace ver esa mutua implicación entre cristología y Trinidad. Las grandes declaraciones cristológicas de los concilios de Nicea y Calcedonia no se entenderían sin esas relaciones[10].

---

[10] CORDOVILLA D. "Gloria de Dios y salvación del hombre". Secretariado Trinitario. 1997. Págs. 20-21

2

LA IMPORTANCIA DE LOS EVANGELIOS PARA LA CRISTOLOGÍA

Los evangelios constituyen, junto con los Hechos de los Apóstoles, las epístolas y el Apocalipsis, uno de los cuatro géneros literarios del Nuevo Testamento. Podría decirse que el género "evangelio" es una creación específica del cristianismo. No se encuentra nada equivalente en otras literaturas.

2.1. DEL EVANGELIO ORAL AL EVANGELIO DE MARCOS.

En tiempos de la primera predicación de Pablo, "evangelio" es ya un término conocido y utilizado por la comunidad cristiana, dado que se lo emplea sin que se sienta la necesidad de explicarlo (1ª Tes. 1:5; Gál. 2:5,14; 1ª Co. 4:15; 9:14). Este uso parece tener su fuente en el Antiguo Testamento. En el libro de Isaías aparece el portador de buenas noticias, el mensajero que anuncia la paz, proclamando que se abre la era de salvación: "¡Qué hermosos son los pies del mensajero que anuncia la paz, que trae buenas nuevas, que anuncia salvación, que dice a Sión: ¡Ya reina tu Dios" (Is. 52:7). El salmo 96 recoge el eco de este buena nueva: "Anunciad su salvación día tras día, contad su gloria a las naciones, decid: Yahvé es rey". La entrada de todas las naciones en la historia de la salvación, así como el don de la justicia, la paz y el gozo son novedades típicamente mesiánicas que nos introducen ya en el contexto y clima del Nuevo Testamento.

En el Nuevo Testamento es Jesús el que aparece como el mensajero de la buena nueva mesiánica. En él se cumple la profecía de Isaías. Por medio de sus obras y por la buena nueva anunciada a los pobres (Is. 35:5-6; 61:1; Mt. 11:5) el tiempo de salvación se convierte en realidad, lo mismo que los signos que lo acompañan. Jesús aparece no sólo como el mensajero de la buena nueva, sino también como aquel del que habla el mensaje. En el lenguaje cristiano, que considera la vida, muerte y resurrección de Jesús como el corazón mismo del evangelio, esta perspectiva es todavía más clara: El contenido del evangelio es toda la actividad salvífica de Dios, desplegada y manifestada en Jesucristo para establecer el reino de Dios.

Pero, "Evangelio" es también uno de los vocablos más utilizados por el apóstol Pablo. Aparece sesenta veces en sus cartas. Este término sirve tanto para designar la acción misma de proclamar la buena nueva de salvación (1ª Co. 9:14), como el contenido de esta proclamación (Rom. 1:1). Este contenido aparece esencialmente unido a Cristo y a su obra salvadora (1ª Co. 15:1-3). Proclamar el evangelio, para Pablo equivale a proclamar a Cristo, sobre todo en su muerte y resurrección que constituyen el acontecimiento central de la salvación. Por tanto, puede atribuirse al apóstol la difusión del término "Evangelio" para designar la predicación activa del mensaje de salvación por parte de la iglesia.

El evangelista Marcos, al introducir este término en la tradición sinóptica, emplea siete veces el sustantivo "Evangelio" (Mr. 1;1, 14, 15; 8:35; 10:29; 13-10; 14:9). Él es el que impulsa el género "evangelio" como narración, pero no lo crea de la nada, sino que lo teje y traza retomando elementos fundamentales del mensaje cristológico de la iglesia que, como no podía ser de otra manera, reconoció pronto su escrito como propio[11]. Para Marcos el evangelio es todavía más un acontecimiento que un mensaje. Este acontecimiento abarca toda la existencia de Cristo, pero en relación con el punto culminante de esa existencia, su muerte y resurrección, todo lo demás representa un inicio, un comienzo.

En Mateo encontramos cuatro veces el sustantivo (Mt. 4:23; 9:35; 24:14; 26:13), pero siempre con una determinación: "el evangelio del reino", "este evangelio". Esta práctica tiene como consecuencia poner el acento en el contenido de la predicación de Jesús, la buena nueva del reino, mas bien que su persona. Lucas suele, sin embargo, usar el verbo "evangelizar".

Los evangelios, a partir del presente de la iglesia pretenden remontarse a los comienzos de una historia, es decir, a las primeras manifestaciones en este mundo de la acción decisiva de Dios en Cristo. Su obra revela una visión de la historia en la que el pasado y el presente, si no se confunden, tampoco pueden separarse. En su concepción del "Evangelio", los evangelios se distinguen de Pablo, que piensa sobre todo en el sufrimiento, la muerte y la resurrección de Cristo. Para Marcos, toda la existencia de Jesús de principio a fin es el evangelio. Y así, al vincular tan estrechamente su obra al acontecimiento de la buena nueva de salvación, el evangelista ha favorecido la relación entre el evangelio oral y el evangelio escrito.

---

[11]PIKAZA X. "Este es el hombre" Manual de Cristología. Secretariado Trinitario. 1997. Pág. 156

2.2. RASGOS CARACTERÍSTICOS DEL GÉNERO LITERARIO "EVANGELIO".

En el Nuevo Testamento, los evangelios representan un caso único. Los otros escritos se centran fundamentalmente en el acontecimiento de la cruz y la resurrección. Apenas mencionan el resto de la actividad de Jesús. Sólo los evangelios se interesan visiblemente por su actividad terrena. Por otra parte, los redactores de los evangelios no son escritores que trabajen en su despacho, sobre la base de unos documentos de archivo y preocupados de escribir una vida completa de Jesús desde su nacimiento hasta su muerte. Por eso, importa subrayar los rasgos que componen la fisonomía de estos escritos.

2.2.1 *Los evangelios constituyen la proclamación de la buena nueva única y original, ya que tienen por objeto el acontecimiento central de la historia humana, a saber, la intervención decisiva de Dios en Jesucristo.* Por consiguiente, el evangelio no puede ser una proclamación "neutra". Se presenta como una llamada a la decisión última. Todas las personas son llamadas a la conversión. El que quiera leer correctamente los evangelios tiene que dejar que resuene en su ánimo esta llamada que, en Jesús, anuncia la salvación.

2.2.2 *Los evangelios se vinculan a una tradición ya formada que fue a su vez una relectura, en el Espíritu, del acontecimiento Jesús a la luz de la pascua, del Antiguo Testamento y de la experiencia de la iglesia naciente.* Los evangelistas recogen una tradición que sufrió la influencia de varias teologías que no quedaron completamente orilladas por la redacción final. Por otra parte, los evangelistas, a su vez, reescriben, cada uno dentro de su perspectiva, lo que han recibido de las tradiciones y teologías anteriores, ya que todos tienen la pretensión de anunciar la buena nueva de salvación a los hombres de un determinado ambiente y de responder a sus problemas.

2.2.3 *El anuncio de la salvación toma la forma de una narración histórica. Puesto que se trata, ante todo, de una proclamación no se pueden concebir los evangelios como una vida de Jesús.* Por otra parte, esta proclamación adquiere la forma de una exposición histórica, ya que la salvación anunciada es un acontecimiento que se relaciona con una existencia terrena e histórica. Describir el desarrollo de esa existencia es al mismo tiempo proclamar el acontecimiento de la salvación. Marcos fue el primero en exponer de este modo la buena nueva dentro del cuadro esquematizado de la existencia de Jesús. Y lo hizo, no por simple amor al pasado, sino por respeto a la realidad. No es a un Cristo glorioso cualquiera a quien nos adherimos por la fe, sino a aquel que fue glorificado por haber aceptado la kénosis de su vida terrena, humilde y llena de sufrimiento.

2.2.4 *Los evangelios son, a la vez, narración y confesión: narración sobre Jesús y testimonio de la comunidad que cree en él.* Más aún, la narración y el testimonio están tan íntimamente ligados entre sí que el relato es confesión y el testimonio de fe es narración sobre Jesús. No encontramos nada parecido en la literatura profana. La razón fundamental es que, para el narrador-testigo que es el evangelista, el Señor resucitado, vivo y presente para siempre, es el mismo Jesús de Nazaret, salvador por medio de su vida y su muerte. Narrándolo, lo confiesa: Jesús es el Señor".

Como los evangelios tienen entonces como objeto a la persona histórica de Jesús, por eso son a la vez historia y kerigma[12].

2.3 ¿POR QUÉ LOS EVANGELIOS SE ESCRIBIERON LUEGO DE LAS EPÍSTOLAS?.

Puede resultar extraño que unos escritos tan importantes como los evangelios hayan sido escritos tan tarde, más concretamente detrás de las epístolas y varias décadas después de los acontecimientos que refieren. Más todavía, los evangelios y las epístolas presentan una imagen bastante distinta. En las epístolas se encuentran pocas alusiones a la vida terrena de Jesús, a su enseñanza, a sus parábolas, a sus discusiones con los fariseos, a sus milagros. El predicador se convierte en lo predicado. Su muerte y resurrección parecen ser el único contenido y la única preocupación del testimonio apostólico[13].

En la época en la que se editaron los evangelios, ya existían confesiones de fe, himnos y cristologías incipientes. La fe en Jesús como el Cristo ya estaba asegurada y con ella los cristianos expresaban su convicción de salvación. Sin embargo, no bastó esa fe y, andando el tiempo, regresaron al Jesús terreno precisamente para mantener la autenticidad de esa fe y defenderla de su degeneración. Los evangelios, pues, no sólo vuelven a Jesús, sino que lo hacen de una manera específica: narrando su vida y su destino. Se dirá, con razón, que esa narración no es biografía, sino teología, y que al historiar a Jesús, lo teologizan. Pero no es menos cierto que para teologizar a

---

[12] LATOURELLE R. "A Jesús el Cristo por los evangelios. Sígueme. 1997. págs. 109-111

[13] Ibid. Págs. 105-106

Jesús correctamente, primero hay que historiarlo[14]. Por eso, la actividad terrena de Jesús ocupa en ellos el primer plano. Él es el mensajero del reino. Él es el que habla y actúa.

¿Cómo explicar estos hechos?. El interés por la persona de Jesús de Nazaret, a quien se confiesa como Señor es un hecho cierto y primitivo. Sin embargo, este interés histórico por él no responde a la pregunta: ¿Por qué tardaron tanto en aparecer los evangelios?. En este punto nos vemos reducidos a probabilidades e hipótesis. La iglesia se vio, sin duda, interpelada a redactar unos textos con un carácter formativo cada vez más acusado, para responder a las condiciones nuevas de la evangelización. Estas condiciones las creaba la distancia en el tiempo y en el espacio y, más aún, la distancia cultural.

Al principio, en Palestina sobre todo, Jesús no tenía ninguna necesidad de ser presentado. Los habitantes de Judea y Galilea conocían muy bien los rasgos, la enseñanza, las obras y el destino trágico de Jesús. Había desconcertado demasiado la vida religiosa de Israel para que le olvidaran tan pronto. La vida de Jesús era un hecho público que pertenecía a la generación de los testigos. En la primera carta a los Corintios, el apóstol Pablo apela a esos testigos que viven todavía (1ª Co. 15:6). En esta primera fase de la evangelización, se trata más bien de identificar plenamente al que habían visto recorrer los caminos de Palestina, de explicar cómo ese hombre Jesús era en realidad el Mesías esperado, más aún, el Señor, el Hijo de Dios.

Sin embargo, no ocurría lo mismo con los paganos extranjeros y con las siguientes generaciones, que no sabían nada de Palestina, ni de la fe de Israel. Para todos estos, anunciar la supervivencia de un desconocido habría sido inducirles a pensar que se trataba de alguna nueva doctrina esotérica. Es típica en

---

[14] SOBRINO J. "Jesucristo Liberador". Trotta. 1993. Págs. 86-87

este sentido la reacción de los atenienses a la predicación de Pablo: "Parece ser un predicador de divinidades extranjeras" (Hch. 17:18). Lo cierto es que en el contacto con los paganos y al ir difundiéndose por todas partes, el evangelio tenía que relacionarse cada vez más, necesariamente, con la persona de Jesús. Por eso, la predicación a los gentiles prefiere insistir en los detalles de carácter cronológico y geográfico, que permitan situar a Jesús de Nazaret. Lo esencial sigue siendo la pasión, la muerte y resurrección, pero se amplía el horizonte histórico porque la vida de Jesús participa de manera decisiva de esa centralidad evangélica.

Nos queda otra pregunta por responder: ¿Por qué la iglesia, después de haber predicado a Cristo, el Señor, el Hijo de Dios glorificado, vuelve a Jesús, el rabí de Nazaret y a su vida terrena?. En realidad, el momento histórico en el que nacen los evangelios coincide con la aparición de tendencias claramente espiritualizantes (pre-gnosticismo), fuertemente influenciadas por las religiones procedentes de la filosofía griega. Estas corrientes abandonaban la figura terrena e histórica de Jesús para reducir el cristianismo a una doctrina sin figura que encerraba la revelación cristiana en experiencias místicas de distinto nivel. La centralidad del Jesús terreno era sustituida por un Cristo de la fe instrumentalizado al servicio de oscuros intereses religiosos. Se trataba, por consiguiente, de prevenir a la iglesia contra un grave peligro: El de pensar que Cristo puede vivir en nosotros sin hacer ningún caso de su existencia personal, corporal e histórica. De este modo, en nombre de un Cristo ideal y místicamente puro, se acabaría eliminando al mismo Jesús y su humanidad. Se llegaría a olvidar que él vive en nosotros, pero después de haber existido como nosotros y fuera de nosotros, y que el glorificado fue anteriormente humillado y crucificado.

La iglesia rechaza un cristianismo que no pase por la historia. Para reaccionar contra estas tendencias de ambigüedad, renueva su memoria del pasado. Una memoria hecha teología narrativa, que se configura como clave hermenéutica imprescindible para reforzar y resituar la propia identidad comunitaria[15]. Y así, la vuelta a la historia de lo que sucedió una vez y para siempre protege y actualiza los contenidos de la predicación. Por tanto, el evangelio de los evangelistas impide al evangelio predicado convertirse en mito, gnosis o ideología.

Las cristologías de los evangelios, entonces, no son sólo doctrina propuesta a las comunidades para ser aceptada, sino que de alguna forma son también producto de las comunidades cristianas. Si el Jesús de Marcos es antitriunfalista, si el Jesús de Lucas es defensor del pobre, si el Jesús de Mateo es, a la vez, defensor y superador de la ley, es porque el triunfalismo eclesial, la coexistencia de ricos y pobres y la ley eran cuestiones polémicas para las comunidades. Por eso, la imagen que de Jesús van forjando los evangelios no es sólo transmisora de *doctrina*, respondiendo a la pregunta: qué podemos saber, sino que también y sobre todo transmite *exigencia y compromiso* respondiendo a las preguntas: qué tenemos que hacer y, consecuentemente, cómo hemos de vivir, a la luz del modelo normativo de Jesús de Nazaret.[16]

---

[15] COMBLIN J./GONZÁLEZ FAUS J.I./SOBRINO J. "Cambio social y pensamiento cristiano en América Latina". Trotta. 1993. Pág. 90

[16] SOBRINO J. "La fe en Jesucristo. Ensayo desde las víctimas". Trotta. 1999. Págs. 329, 332

3

EL BAUTISMO DE JESÚS

Todos los evangelistas, si bien con diversos matices, retoman y precisan este episodio de la vida de Jesús. Más aún, intentan mostrar el significado profundo que posee en el contexto de su historia personal. Porque, no sólo es importante saber que Jesús ha salido a su ministerio público con ocasión del bautismo sino, sobre todo, intentar comprender porqué ha elegido este modo y no otro para hacerlo. Con el fin de responder correctamente a esta pregunta, hemos de situarnos en el entorno socio-religioso en el que se inserta este acontecimiento predicado por Juan el Bautista, al que Jesús de Nazaret se sujetó voluntariamente.

3.1 LAS CORRIENTES RELIGIOSAS DEL JUDAÍSMO EN TIEMPOS DE JESÚS.

En el momento en que Jesús iba a entrar en escena, la vida religiosa de Israel estaba dominada por distintas corrientes que encontraremos a menudo en su camino y que, al final, determinarán su destino. Entre ellas destacan los fariseos y los saduceos. A pesar de la variedad de sus posiciones ideológicas y prácticas, ambas tendencias eran el exponente de la más estrecha ortodoxia religiosa, constituyendo los pilares del status quo socio-político del pueblo en aquel tiempo. Los primeros, los fariseos (los separados), se caracterizaban por una minuciosa casuística tendente a extender a todas las circunstancias de la vida cotidiana las normas de pureza[17] y representaban socialmente la media y alta burguesía. Los saduceos configuraban la clase sacerdotal, más aristocrática y conservadora, manteniendo su fuente de poder en el templo de Jerusalén.

En tiempos de Jesús, sin embargo, la situación distaba mucho de estar tranquila y bajo control. La dominación romana y el intermitente rebrotar de la esperanza mesiánica, atravesada por vetas apocalípticas, formaban un marco bastante heterogéneo e inestable. Algunos grupos de israelitas piadosos, los esenios, considerándose la reserva espiritual de la nación se alejaron de la sociedad civil formando una comunidad mesiánica, de carácter rígidamente ascético y decididamente proyectada en la espera de la próxima venida de un enviado de Yahvé que instauraría el reino de Dios. Otra dirección habían elegido los llamados zelotas. Se trataba de un grupo subversivo que interpretaba en términos claramente políticos la llegada del reino de Dios. Consideraban esencial un levantamiento armado contra los opresores injustos, con el fin de restaurar la monarquía davídica. Se trataba de las mismas reacciones violentas que continuarán tras la crucifixión de Jesús y que empujarán a Roma a intervenir duramente con la destrucción de Jerusalén en el ano 70 d.C[18].

---

[17] AGUIRRE R. "Ensayo sobre los orígenes del cristianismo". Verbo Divino. 2001. Pág. 30

[18] CODA P. "Dios entre los hombres". Ciudad Nueva. Págs. 52-53

3.2 EL BAUTISMO PREDICADO POR JUAN.

La predicación de Juan se inserta en este agitado panorama. Los acentos de su mensaje testimoniados por los evangelios son decididamente fuertes, más aún, apremiantes: El tiempo está para cumplirse, el día del juicio de Yahvé es inminente, y la única manera de estar preparados para ese día es la conversión. Es decir, el Bautista se sitúa en la línea de la más genuina profecía del Antiguo Testamento, y parece cerrar un período, el de un largo silencio del espíritu profético en Israel para inaugurar uno nuevo de decisiva importancia. ¿Es éste verdaderamente aquél Elías que debía venir, y cuyo retorno en la tradición de Israel se asociaba a la llegada del reino?[19]. Será Jesús mismo quien de una respuesta a este interrogante: "Porque todos los profetas y la ley profetizaron hasta Juan. Y si queréis recibirlo, él es el Elías que había de venir" (Mt. 11:13-14).

Juan aparece marcando un nuevo camino para Israel. No se trata de la adhesión estática y superficial a la tradición, que se convierte en formalismo religioso y acaba alienando a las personas, como hacían los fariseos y saduceos. Tampoco se identificaba con el puritanismo segregador de los esenios. Y, por supuesto, su discurso se encontraba muy lejos de las expectativas sedicionistas de los zelotas. Básicamente, el mensaje de Juan se centraba en la necesidad de arrepentimiento, que implicaba tomar en serio la realidad del pecado. Y desde esa convicción, dirá, es preciso proceder a una verdadera conversión entendida como regreso al Dios vivo y verdadero.

Pues bien, para iniciar su ministerio público Jesús escoge de entre todas las posibles opciones de espiritualidad, la de

---

[19] Ibid Págs. 53-54

Juan el Bautista. Con esta decisión vindica y respalda el trabajo del precursor con todos sus contenidos y pretensiones. Y, a la vez, identificándose con este proyecto y partiendo de sus propios contenidos, él mismo lo va a superar con su aparición histórico-temporal comenzando su andadura allí donde concluye la de Juan.

3.3 EL BAUTISMO DE JESÚS EN LOS EVANGELIOS SINÓPTICOS.

El evangelio de Marcos proclama una buena nueva: Jesús es el Hijo de Dios. Luego, entonces, si el anuncio de esta buena nueva abre una nueva era, hay que tomar en consideración que el bautismo de Jesús es su inauguración. Existen en el entorno de este episodio algunos indicios que así lo dan a entender: La apertura de los cielos, la venida del Espíritu Santo, la voz de los cielos.

Jesús "vio abrirse el cielo", apunta Marcos. Esta apertura señala el inminente inicio de unas nuevas relaciones entre Dios y los hombres. Tras un largo silencio marcado por el cierre de los cielos, Dios finalmente se revela. Hacía ya mucho tiempo que el espíritu de profecía descansaba en Israel. La apertura de los cielos apunta a una época de gracia que sin duda rememora. Haciendo un poco de memoria histórica, el paso del Jordán evocaba y remitía al paso del mar Rojo. Israel no veneraba las aguas, pero veía en ellas el símbolo de las grandes intervenciones de Yahvé[20]. Así pues, el bautismo de Jesús en el contexto de este imaginario teológico, inaugura su reino mesiánico que se inicia bajo la guía del Espíritu.

---

[20] DUQUOC C. "Cristología. Ensayo dogmático sobre Jesús de Nazaret el Mesías". Sígueme. 1985. Págs. 48-51

Dentro de este contexto de misión debe entenderse la voz celestial. El cielo se abre, el Espíritu aparece, Dios se comunica con el hombre, Jesús es su Hijo, el amado en quien tanto se complace. Se trata de una declaración mesiánica en armonía con el texto de Isaías 42:1: He aquí mi siervo, yo le sostendré; mi escogido, en quien mi alma tiene contentamiento; he puesto sobre él mi Espíritu; él traerá justicia a las naciones". Aunque igualmente puede verse aquí una alusión al salmo 2:7: "...Jehová me ha dicho: Mi hijo eres tú; yo te engendré hoy". La asociación del título "Amado" al término "Hijo", le da a esta palabra del salmo un sentido totalmente nuevo. Este "Hijo amado" cumplirá con la misión mesiánica del siervo profetizada por Isaías.

El evangelio de Mateo introduce dos adiciones: La voluntad explícita de Jesús de hacerse bautizar (vs. 13). El Hijo de Dios es para él, no sólo el revelado desde el cielo (Mt. 2:15, 16), sino sobre todo el obediente y sumiso a la voluntad de Dios[21]. Y, por otro lado, el diálogo entre Jesús y Juan el Bautista (vv. 14-15). Este diálogo tiene también una vinculación con algunos temas ya insertos en la composición del evangelio de la infancia, donde Mateo precisa las relaciones entre la nueva y la antigua economía. El episodio del bautismo le permite proseguir este paralelo. Jesús se hace bautizar, no para la remisión de sus pecados, sino para cumplir toda justicia. Este término en Mateo es sinónimo de "la ley y los profetas". Al cumplir toda justicia sujetándose al bautismo, Jesús lo conduce a su fin en el espacio de sentido que poseía, y crea uno nuevo que, a partir

---

[21] LUZ U. "El evangelio según San Mateo". Sígueme. 1993. Pág. 219. Mateo presenta intencionadamente la conducta de Jesús al principio del evangelio. Jesús es el obediente y humilde. Justamente a esta obediencia de Jesús responde Dios con su proclamación: "Este es mi Hijo amado". La singularidad de Jesús consiste en su obediencia.

de aquí, contendrá una enorme resonancia en el contexto del cristianismo. La "justicia" se describe como aquello que hay que practicar, esto es, la justicia que brota de la ley. Y es verdad que Jesús mediante este acto del bautismo, por así decirlo, cumple la ley. Pero en este movimiento de sumisión que realiza, sujetándose al símbolo que evoca un nuevo comienzo, Jesús en realidad perfecciona la ley y la sustituye con otra justicia que no viene ya de la letra sino del Espíritu.

El camino de Cristo es, en el evangelio de Mateo, el camino práctico que lleva a la perfección (Mt. 5:48). Este camino sigue las exigencias de una justicia superior (Mt. 5:20). En este camino Jesús precede a sus discípulos. Él inicia el evangelio como el obediente, cumpliendo toda justicia. Dios le responde como responderá a los discípulos que cumplan la voluntad del Padre[22]. El comienzo del camino de Jesús con el bautismo apoya una *cristología de la humildad* solidaria del nuevo hombre entre los hombres pecadores[23].

Por otra parte, la narración de Lucas se orienta en una dirección distinta. Hay tres rasgos particulares que le confieren originalidad: *La oración de Jesús, la preocupación por insertar el bautismo en el marco de la historia de la salvación y la culminación de revelaciones sobre la deidad de Jesucristo.*

La oración de Jesús. Lucas se complace en mencionarla. Indudablemente, esta cita sería poco significativa en el caso presente, si no estuviese en relación con la venida del Espíritu. Mientras Jesús ora, el Espíritu desciende sobre él (Lc.

---

[22] LUZ U. Op. Cit. Pág. 220

[23] KARRER M. "Jesucristo en el Nuevo Testamento". Sígueme. 2002. Pág. 317. La cristología adquiere por medio de Juan el Bautista un *perfil histórico* en Israel. Pues en Israel la predicación de Juan el Bautista y el bautismo de Jesús proporcionan previamente un perfil, y a partir de Israel hacen que vaya madurando las consecuencias teológicas.

3:21-22). El episodio posee honda resonancias con la iglesia primitiva cuando, mientras los creyentes oran, el Espíritu Santo desciende sobre ellos (Hch. 2:1; 4:31).

El bautismo en el marco de la historia de la salvación. El evangelista organiza su narración de un modo peculiar. El momento en el que Jesús se hace bautizar coincide con el encarcelamiento de Juan el Bautista (Lc. 3:19-20). Este comentario es intencional. Lucas no nos dice quién es el que bautiza a Jesús, pero este silencio hay que leerlo teológicamente, porque Juan pertenece a la antigua alianza. Lo único que a partir de ahora importa es el bautismo del nuevo Adán y el don del Espíritu que trae, que constituyen los signos de la nueva economía de Dios.

La culminación de revelaciones sobre la deidad de Jesucristo. La escena en la que Lucas narra el bautismo de Jesús, como la del resto de los sinópticos, subraya la filiación inequívocamente divina de su persona. Sin embargo, en este evangelio, la afirmación constituye la culminación de una serie de revelaciones sobre su identidad. En Lc. 1:35, *un ángel* revela a María que "...el santo ser que nacerá será llamado Hijo de Dios". En Lc. 1:42, *una mujer* llena del Espíritu Santo exclama a gran voz: "... Bendito el fruto de tu vientre". En Lc. 2:30, *un profeta* movido por el Espíritu proclamó: "Han visto mis ojos tu salvación, la cual has preparado en presencia de todos los pueblos, luz para revelación a los gentiles y gloria de tu pueblo Israel". En Lc. 2:49, el mismo *Jesús,* a los doce años de edad, exhibe la conciencia de su filiación divina al dirigirse a José y María: "¿No sabíais que en los negocios de mi padre me es necesario estar?. En Lc. 3:22, *la voz del cielo* proclama "Tú eres mi Hijo amado, en ti tengo complacencia"[24].

[24] DUQUOC C. Op. Cit. págs. 52-53

En resumen, el bautismo indica que Jesús conocía, por haberlo oído de forma directa, el radical mensaje de Juan el Bautista y estaba de acuerdo con su contenido. Eso significaba tomar conciencia de que Israel era un pueblo descarriado que había fracasado como canal escogido para dar a conocer al verdadero Dios. Y, a la vez, implicaba también respaldar que el único medio para salir de esa situación de pecado era experimentar un cambio fundamental en la mente, en el corazón y en el modo de vivir. Por eso, el giro radical de Jesús a partir de su bautismo, plasmado en el inicio de una nueva tarea de plena dedicación a su pueblo, tenía su origen en el drástico cambio de vida que Juan exigía de cada israelita que pasaba por las aguas. Por tanto, lo que llamamos ministerio público de Jesús pudo ser la manera especial en la que se concretó en su vida el llamamiento desafiante del Bautista[25]. El bautismo de Jesús significó, pues, que él se consideraba parte del pueblo de Israel, lo cual, según la idea de Juan el Bautista, quería decir pertenecer a un pueblo pecador aunque, como sabemos muy bien, él no lo fuera.

3.4 LA SINGULARIDAD DE LA VIDA DE JESÚS A PARTIR DEL BAUTISMO.

El bautismo, que Jesús recibió de manos de Juan el Bautista, es para los evangelios el punto de partida de la vida y misión de Jesús. Pero, ¿hasta qué punto y en qué sentido podemos

---

[25] MEIER J. P "Un judío marginal". Editorial Verbo Divino. Tomo II/1. Juan y Jesús. El reino de Dios. Pág. 150-151

afirmar que, a partir del bautismo, la vida de Jesús cambió radicalmente?. Por lo pronto, hay un hecho que leyendo los evangelios resulta incuestionable, a saber: hasta el momento en el que Jesús fue bautizado vivió como un desconocido, como un hombre anónimo, un judío más de su tiempo. Aparentemente, nadie se fijó en él.

Por otra parte, en los mismos evangelios, hay un segundo hecho que nadie pone en duda. A partir de su bautismo, Jesús comenzó a vivir de tal manera, a hacer tales cosas y a anunciar un mensaje tan llamativo que inmediatamente impresionó tanto y a tanta gente que "Se difundió su fama por toda Siria; y le trajeron todos los que tenían dolencias, los afligidos por diversas enfermedades y tormentos, los endemoniados, los lunáticos y paralíticos; y los sanó. Y le siguió mucha gente de Galilea, de Decápolis, de Jerusalén, de Judea y del otro lado del Jordán" (Mt. 4:24-25). No cabe ninguna duda de que, a partir del bautismo, la vida de Jesús y su presencia en aquella sociedad fue nueva, llamativa y, para muchos, desconcertante.

La cuestión está en saber por qué a la Iglesia primitiva le interesó tanto la vida de Jesús precisamente a partir de su bautismo. En qué consistió el cambio que se produjo en la vida de Jesús con motivo de su bautismo. Por lo que cuentan los evangelios, está claro que la vida de Jesús cambió en cuanto dejó su casa y su pueblo, abandonó a su familia y su trabajo, reunió en torno a sí a un grupo de personas a las que llamó discípulos, entre los cuales se contaban también mujeres. Y con esas gentes, Jesús iba de pueblo en pueblo anunciando la llegada del reino de Dios (Mt. 4:23-25). Jesús curaba a los enfermos, tenía un fuerte atractivo sobre el pueblo sencillo que le seguía entusiasmado y, por lo general, decía cosas que eran comprendidas y bien recibidas por los pobres, los ignorantes y las personas mal vistas en aquel tiempo. Por el contrario, su enseñanza era críptica e irritante para los principales, los ricos y las gentes influyentes que constituían la autoridad religiosa de su tiempo.

La sociedad, lo mismo la del tiempo de Jesús que la de ahora, admite y acepta sin problemas a las personas que se acomodan a lo que se considera normal. Es normal dedicarse a trabajar, a ganar dinero, a ser respetables padres y madres de familia, a vivir lo mejor que se puede. Esas cosas a nadie le extrañan. Mientras Jesús vivió y trabajó como un ciudadano normal, nadie se fijó en él[26]. Los problemas se presentaron en el momento en el que, a partir de su bautismo y tomando conciencia progresiva de su propia identidad, comenzó a vivir y a enseñar de un modo subversivo, disidente y contracultural para un mundo como el suyo. Una vez más, se hace preciso formular algunas preguntas: ¿Por qué Jesús de Nazaret incomodó tanto a los gestores de la religión de su época con su sola presencia?. ¿Qué radicalidad contenían su mensaje y su misma vida para llegar a poner patas arriba todo el sistema?. ¿En qué sentido fue una amenaza tan seria para la supervivencia de las estructuras socio-religiosas, que decidieron quitarlo de en medio casi de inmediato?.

Para comprender bien todo esto es necesario que nos sumerjamos en la manera de pensar, de hablar y de vivir de Jesús. Porque, el Dios al que se refiere en su enseñanza es, desde luego, el Dios que todo el pueblo conocía. El Dios de la antigua alianza. El Dios vivo, único y santo. Sin embargo, él habla de este Dios de un modo distinto, como nadie lo hizo jamás. Hasta tal punto que en la dura polémica que le enfrenta a sus contradictores, el evangelista Juan hace decir a Jesús: "Es mi Padre quien me honra, el que vosotros llamáis vuestro Dios, aunque no lo conocéis. Yo, en cambio, lo conozco bien..." (Jn.

---

[26] CASTILLO J. M. "Víctimas del pecado". Trotta. 2004. Págs. 20, 23, 30

8:54-55). Se trata, sorprendentemente, de la revelación de un Dios tan ajeno a la historia religiosa de Israel, tan inesperado y distinto a todas las expectativas, que reclama como factor previo una auténtica deconstrucción de todas las falsas imágenes fabricadas por la tradición.

Jesús de Nazaret es, por tanto, quien nos da a conocer no sólo *quién es* Dios, sino *cómo es* Dios. Esto es lo que se dice claramente, ante todo, en el evangelio de Juan: "A Dios nadie le ha visto jamás, el unigénito Hijo que está en el seno del Padre, él le ha dado a conocer". Al afirmar que a Dios nadie le ha visto jamás, el evangelio no se refiere simplemente, como es lógico, a que Dios no es una realidad visible ante nuestros ojos. Eso ya lo sabe todo el mundo. Lo que quiere afirmar es que Dios no está a nuestro alcance y que, por tanto, no lo podemos conocer porque nos trasciende. Por eso, sólo sabemos lo que él es y cómo es a partir de la revelación histórica de Jesús de Nazaret, quien nos lo ha dado a conocer.

Esto mismo queda claro en unas palabras que el mismo Jesús le dijo a Felipe. Este apóstol le pidió un día al Maestro: "Señor, muéstranos al Padre y nos basta (Jn. 14:8). La petición, en el fondo, era clara: "enséñanos cómo es Dios". Ahora bien, la respuesta de Jesús es más clara y más contundente todavía: "¿Tanto tiempo hace que estoy con vosotros, y no me has conocido, Felipe? (Jn. 14:9). Lo que aquí llama la atención es que Felipe pregunta por el conocimiento de Dios, pero Jesús le responde refiriéndose al conocimiento de sí mismo. Y es que Jesús añade enseguida algo que es el secreto de todo: "El que me ha visto a mí, ha visto al Padre" (Jn. 14:9)[27]. A la petición

---

[27] CASTILLO J.M. "Humanizar a Dios". Manantial. 2005. Págs. 67-68. En la carta a los Colosenses se viene a decir también que Jesús nos da a conocer a Dios aunque, en este caso, de otra manera. El autor de esta carta, afirma que Cristo es "la imagen del Dios invisible" (Col. 1:15)

de "enseñar a Dios", la respuesta del Maestro es "verle" a él hablar, enseñar y vivir. Es decir, lo que expresa su persona y su manera de ser es, en sí mismo, transparencia y manifestación inequívoca del Dios invisible, incognoscible e inalcanzable.

Estas reflexiones forman parte de lo que podríamos llamar la más pura ortodoxia. La iglesia ha confesado siempre que *Jesús es Dios.* Y eso es verdad y verdad fundamental. Pero, si se piensa despacio de pronto uno se da cuenta de que para afirmar eso de que "Jesús es Dios" es necesario tener muy claro algo igual de central. Se trata de comprender que *Dios es Jesús.* Todo esto no es un juego de palabras, ni da lo mismo decir lo uno por lo otro. Al decir que Jesús es Dios, lo que en realidad estamos afirmando aunque no nos apercibamos de ello, es que nosotros ya sabemos quién es Dios y cómo es Dios antes de conocer a Jesús. Y "Dios", entonces, viene a explicarnos quién es y cómo es "Jesús"[28]. O sea, en realidad ponemos al revés lo que dice el Nuevo Testamento. Porque, según los evangelios está claro que nosotros no conocemos plenamente a Dios, ni sabemos cómo es. Para eso tuvo que aparecer en la historia de la humanidad Jesús de Nazaret.

Todo esto no son puras disquisiciones, sino que es más importante de lo que imaginamos. Porque, de acuerdo con lo dicho, cuando se trata de hablar de Dios, no se puede empezar pensando en el Dios que nos enseñaron los religiosos, los filósofos y los sabios de este mundo, el Dios que se define por la lejanía, la apatía, la otredad y el poder. Un Dios domesticado por los dogmas y desfigurado por definiciones esencialistas y descomprometidas. Un Dios/doctrina fabricado en los despachos de los teólogos tantas veces legitimadores del sistema y sus estructuras injustas. Si empezamos por ahí y luego le aplicamos

[28] Ibid pág. 73

esa interpretación a Jesús, entonces nos sale una persona que en nada se parece a la que nació en Belén de Judea, vivió como uno de nosotros y acabó sus días en una cruz. Por el contrario, si empezamos por Jesús de Nazaret y atendemos a la cristología narrativa de los evangelios, entonces lo que tenemos que hacer es, sencillamente, dejarnos afectar por su historia y vida, porque lo que no podemos es acercarnos a él pensando que sabemos ya precisamente lo que él vino a enseñarnos porque no lo sabíamos.

La vida humana, antes que saberes e ideas, es gozo y sufrimiento, placer y dolor, alegría y tristeza, compañía y soledad, entrega y generosidad, libertad y esperanza. Todo esto quiere decir que la percepción más honda de la existencia no entra sólo por el oído, como sucede con una doctrina. La vida entra en nosotros a través de todo nuestro ser corporal, se nos mete por todos los sentidos: Las miradas, el tacto, el oído, el gusto, el olfato. En resumen: las ideas y los conocimientos son importantes en la vida, claro está. Pero, sin duda alguna, tan decisivas como las ideas son las experiencias que vivimos. Por eso, el amor o el odio que recibimos, el respeto o el desprecio que nos viene de los demás, el afecto o la indiferencia, todo esto nos marca para siempre. Y, todas estas cosas, como sabemos muy bien, las percibimos y llegan a formar parte nuestra a través de los sentidos.

Eso significa que todo lo que vivimos, incluida nuestra fe en Dios, no es el resultado de argumentos y teorías que finalmente nos llevan a concluir: "Pues sí, Dios existe y tengo que creerlo". La vida no funciona así. Y por eso, precisamente por eso, Dios se quiso hacer presente y comunicarse con nosotros mediante un ser humano, un hombre de carne y hueso, al que no solamente se le pudo oír para aprender sus ideas, sino al que, además, se pudo ver, tocar y experimentar para descubrir en él la cercanía, la misericordia, la bondad, el amor, la justicia de Dios[29]. Por tanto, a Dios sólo se lo puede explicar desde Jesús porque, de acuerdo con las Escrituras, es en Jesús donde Dios quiere y puede ser conocido:

1ª Juan 1:1-4 – "Lo que era desde el principio, lo que hemos oído, lo que hemos visto con nuestros ojos, lo que hemos contemplado, y palparon nuestras manos tocante al Verbo de vida (porque la vida fue manifestada y la hemos visto y testificamos, y os anunciamos la vida eterna, la cual estaba con el Padre y se os manifestó); lo que hemos visto y oído, eso os anunciamos, para que también vosotros tengáis comunión con nosotros; y nuestra comunión verdaderamente es con el Padre y con su Hijo Jesucristo. Estas cosas os escribimos, para que vuestro gozo sea cumplido".

---

[29] Ibid págs. 78-80

4

LAS TENTACIONES
DE JESÚS

Introducción.

El texto de las tentaciones de Jesús suele ser objeto, con demasiada frecuencia, de interpretaciones absolutamente trivializadoras. Tenemos, por un lado, la interpretación infantil, que lo único que saca de este relato es la figura de un Jesús absolutamente impasible, que se burla irónicamente de un Satanás que gira inútilmente alrededor de él. De todo ello se deduce, por descontado, la deidad de Jesús y la debilidad del diablo. Por otro lado, se propone la lectura moralizante del relato, según la cual Jesús inaugura su vida pública con una predicación escenificada estilo "culebrón melo-dramático", en la que él mismo actúa de modo pedagógico para ofrecernos un modelo y enseñarnos a resistir al diablo y sus asechanzas.

En ambos casos, estas lecturas de las tentaciones nos dibujan a un Jesús tipo "robocop", sin fisuras físicas ni afecciones psicológicas, capaz de elevarse por encima de todos los acontecimientos sin despeinarse pero, por el contrario, incapaz de transmitir un modelo de humanidad que revele las dimensiones más profundas de la existencia y la significación universal de su acción[30]. Sólo es concebible una propuesta cristológica creíble si despliega una antropología capaz de aterrizar en el mundo de lo real. Esa es la clave hermenéutica necesaria para comprender este episodio.

Resulta bastante evidente que, a partir del bautismo, la persona de Jesús ya no puede ser contemplada de un modo aislado. En él se reúne, en cierto modo, todo el pueblo de Dios (Israel). Él es el siervo fiel y el Hijo amado a través de quien Dios actúa definitivamente en el mundo y lleva a cabo su plan. Ahora todo depende de Jesús. Aunque en él existe un exceso de significado que será necesario descifrar en el espesor de una vida semejante a la nuestra. Esta perspectiva teológica está en armonía con los evangelios sinópticos, que sitúan el bautismo de Jesús como el inicio de un itinerario que va a correr paralelo con la historia del propio pueblo de Dios. La tentación es el primer destino del camino iniciado. Como Israel estuvo cuarenta años en el desierto, Jesús permanece cuarenta días en el desierto. Como Israel pasó hambre en el desierto, Jesús la pasa. Del mismo modo que el pueblo de Dios fue tentado en el desierto, Jesús también es tentado. Pero, comencemos por el principio. Las tentaciones afectan a Jesús en su filiación, es decir, en un sentido mesiánico. Son, por tanto, tentaciones mesiánicas. Por ello, es imprescindible situarlas en paralelo con las tentaciones del pueblo de Dios. El hecho de que las tentaciones se orienten hacia la filiación de Jesús, significa que Dios corre el riesgo de los hombres hasta el final, y que no nos es dado concebir una intervención salvadora de Dios que elimine el riesgo de la libertad y la responsabilidad humanas[31]. Y esta libertad de Jesús

---

[30] VARONE F. "El dios "sádico". Sal Terrae. 1998. Págs. 58-59
[31] GONZÁLEZ FAUS J., I. "La Humanidad Nueva". Sal Terrae. 1984. Pág. 171

de Nazaret, no radicará tanto en el poder o no poder decir que no a Dios en las situaciones límite, sino en el hecho de que su sí no esté condicionado absolutamente por nada distinto del amor. Porque, resulta evidente que Jesús vivió seriamente la sugestión de dar a su mesianismo una configuración distinta de la que tuvo[32].

El que las tentaciones se ubiquen al principio de la vida pública de Jesús tiene gran importancia. La escena de las tentaciones aparece entre la escena del bautismo, que pudiera ser interpretada como momento culminante en la toma de conciencia por parte de Jesús de su propia misión, y el comienzo de ésta. Esto significa que aquello sobre lo que va a versar la tentación no es, como subrayamos al principio, simplemente el ejercicio de la condición humana de Jesús, sino que la tentación pondrá en juego lo más específico de él: Su relación con Dios y su relación con el reino de Dios. En este sentido, las tentaciones no se relacionan con cuestiones éticas concretas, sino que afectan a lo más hondo de Jesús[33], su actitud última ante Dios frente al itinerario histórico humano que le espera.

El desierto, la falta de alimento y el hambre son símbolos reales de la tensión existencial entre fragilidad y deseo. Y son también el lugar de la tentación y de la opción de Jesús. Ya sabemos que las tres tentaciones constituyen una sola tentación en distintas direcciones y grados. Como nos lo advierte el evangelista Lucas (4:13 – "Cuando el diablo hubo acabado toda tentación, se apartó de él por un tiempo") hay una sistemática que descubrir en esta triple escenificación cuyo

---

[32] Ibid pág. 172

[33] SOBRINO J. Op. Cit. Pág. 196. Las tentaciones se refieren al mismo Jesús y no tienen un carácter moralizante, aunque detrás exista el interés de animar a los cristianos. Pero el interés primordial es cristológico. Jesús fue realmente tentado.

contenido constituye, de manera progresiva, la tentación del hombre, la tentación de hacer realidad su deseo no desde la aceptación de Dios, sino por los medios y el poder que brotan de los propios recursos. Haciendo un esfuerzo de concisión, podemos decir que la sistemática que constituye la unidad de esta triple tentación conjuga estos tres registros: TENER-PO-DER-VALER[34].

4.1 LA TENTACIÓN DE MANIPULAR A DIOS EN PROVECHO PROPIO.

"Entonces Jesús fue llevado por el Espíritu al desierto, para ser tentado por el diablo. Y después de haber ayunado cuarenta días y cuarenta noches, tuvo hambre. Y vino a él el tentador y le dijo: Si eres Hijo de Dios, di a estas piedras que se conviertan en pan. Él respondió y dijo: Escrito está: No sólo de pan vivirá el hombre, sino de toda palabra que sale de la boca de Dios" (Mt. 4:1-4).

Los tres evangelios sinópticos (Mateo, Marcos y Lucas) subrayan que es el Espíritu quien le impulsa y le acompaña en esta experiencia de la tentación en el desierto. Se trata de un episodio que sucede justo después del bautismo de Jesús en el Jordán. La narración no nos debe llevar a engaño. No se trata de que estuvo ayunando y orando durante cuarenta días y que al final fue tentado así, sin más[35]. Se trata de expresar la síntesis de una intensa lucha personal sobre el sentido de su misión.

---

[34] VARONE F. Op. Cit. Pág 63. Pero tal sistemática se ha concretado en la vida de Jesús, cuya tentación, de hecho, tiene por objeto un mesianismo de poder que Jesús rechazará en cada uno de sus grados.

[35] ELLACURIA I. "Dimensión política del mesianismo de Jesús".www.mercaba.org pág. 9

La tentación giró en torno al interrogante que ocupaba, por encima de todo, la mente del pueblo de Dios: ¿cómo sería el Mesías?. ¿Un Mesías populista que convertiría las piedras en panes para alimentar a las multitudes?. ¿Un Mesías de la Torá, erguido majestuosamente en el elevado pináculo del Templo?. ¿Un Mesías rey, que gobernaría no sólo sobre Israel sino sobre todos los reinos de la tierra?. En resumen, Satanás le ofrecía a Jesús la oportunidad de ser un Mesías convincente a la altura de todas las esperanzas de Israel[36]. Por eso, lo que se pretende determinar no es si el diablo quiere enterarse de si Jesús es el Mesías, sino qué interpretación del mesianismo va a darse él a sí mismo a partir de las situaciones límite en las que se verá confrontado en medio de una historia como la nuestra.

A Jesús le hubiera bastado asentir a todas las propuestas del diablo para poder edificar el cristianismo, no sobre la base de cuatro sencillos evangelios y de un hombre (aparentemente) derrotado clavado a una cruz, sino sobre el fundamento de una sólida planificación. Se hubiera podido lograr que acontecieran todas las utopías, que todas las expectativas reprimidas hubiesen cristalizado y que todos los sueños del corazón humano se plasmasen en hechos concretos[37]. Pero, en vez de eso, Jesús de Nazaret escogió el paso lento de una vida disponible que, desde la libertad y la responsabilidad, determinó no contar con más servidumbres que Dios y su palabra.

En la primera tentación, Jesús es presentado en una situación de auténtica necesidad. Pero en el desierto no hay más que piedras. Una conclusión parece imponerse: Si Jesús es de verás el Amado de Dios, podrá servirse de él para salir del atolladero. La tentación consiste, pues, en el uso de Dios y de la

---

[36] YANCEY P. "El Jesús que nunca conocí". Vida. 1996. Págs. 69
[37] Ibid pág. 69

relación privilegiada con él como medio de alterar la condición humana en beneficio propio, eludiendo de esta manera la tarea del hombre en el mundo. Dios es visto como protector y la relación con él como ventaja personal, frente a las fuerzas ocultas y necesidades de la vida a las que el ser humano teme cuando experimenta hasta qué punto se encuentra indefensa ante ellas.

En la respuesta de Jesús a la tentación aparece una evocación inequívoca a la experiencia de Israel en el desierto, aunque en este caso con diferentes resultados (Cf. Ex. 16, Dt. 8:3ss). En aquel momento, el pueblo de Dios interpretó la falta de pan como un abandono, un gesto de mala voluntad por parte de Dios que parecía haberles entregado a una muerte segura. Su sola palabra no fue suficiente para Israel. Allí, pues, donde el pueblo había fracasado cuestionando la Palabra de Dios y anhelando que las piedras se convirtieran en pan, el Hijo de Dios hecho hombre al que se le plantea una tentación semejante, revela su condición con una negativa a demostrar de ese modo su filiación y escoge el camino que les es dado a todos los hombres para salir del conflicto: Vivir de la palabra que sale de la boca de Dios.

Cuando en otro momento, los sacerdotes pongan a Jesús en parecida situación afirmando: "Si es Hijo de Dios, que baje de la cruz" (Mt. 27:40), no bajará de la cruz, precisamente porque lo es. La identificación con la condición humana, con la dialéctica que ella supone de resistencia y sumisión, es vista como lugar privilegiado del encuentro con Dios. Esta es la concepción que Jesús tiene de su filiación. Y con ello parece claro que la confianza de Jesús en Dios opera, en el lenguaje de Bonhoeffer: "Una vuelta al revés de todo lo que el hombre religioso espera de Dios"[38]. Jesús no usa a Dios ni su especial

---

[38] GONZÁLEZ FAUS J.I. Op. Cit. pág. 173

relación con él como un privilegio para aligerar o eludir la condición humana, sino que más bien verifica su relación con Dios en el apurar y soportar hasta el fondo esa misma condición humana.

4.2 LA TENTACIÓN DE LA OSTENTACIÓN MILAGRERA.

"Entonces el diablo le llevó a la santa ciudad, y le puso sobre el pináculo del templo, y le dijo: Si eres Hijo de Dios, échate abajo; porque escrito está: A sus ángeles mandará cerca de ti, y en sus manos te sostendrán, para que no tropieces con tu pie en piedra". (Mt. 4:5-7).

En este nuevo episodio que enfrenta a Jesús y al diablo, el tentador le propone que se convierta en el centro del mundo y se sitúe por encima de las criaturas. Es, como antes, una forma de concebir la filiación divina, pero aquí no se le relaciona tanto con la necesidad personal sino con la misión de Jesús. El alero del templo no es cualquier sitio, es lo más alto de la ciudad santa de Jerusalén, la capital, la ciudad del gran rey. Conforme con determinadas esperanzas rabínicas, el Mesías aparecería en el alero del templo como muestra apabullante e incontestable de poder y gloria.

Una prueba así habría eliminado toda oscuridad en la misión de Jesús. Habría hecho imposible el grito más desgarrador del universo: "Dios mío, Dios mío, ¿Por qué me has desamparado? (Mr. 15:34). Y, entonces, el camino de Jesús ya no arrancaría de aquella conciencia dependiente del Padre, sino que aparecería construida sobre el fundamento seguro y definitivo de la prueba dada. Jesús caminaría, en adelante, por un sendero en el que no caben el riesgo y la ambigüedad que existen en toda vida y en toda misión humana, cuando se quiere ser fiel a los compromisos asumidos. Las dificultades de una historia así serían ficticias, puesto que las cartas estarían marcadas de antemano.

Jesús hubiera podido con gestos de espectacularidad hacerse aceptar por el pueblo. Las masas, sin duda, se le hubieran rendido de manera incondicional ante la llegada de un Mesías acorde con sus estructuras mentales. También para ellas habría quedado eliminada la oscuridad que reclamaba de Jesús señales inequívocas de mesianismo[39]. A propósito de estas repetidas insistencias para que diera una señal apabullante de identidad, notan los evangelistas que se lo decían: "Tentándole" (Mr. 8:11; Lc. 11:16; Mt. 16:1). La opción entre un mesianismo con el prestigio de la espectacularidad, o un mesianismo en la anonimidad y el ocultamiento que da el servicio desinteresado es el dilema propuesto.

La religiosidad judía habría optado por el primero. Jesús no. El no se acredita precipitándose desde el alero del templo. Cuando entre al templo será como rey pacífico sin ninguna ostentación de poder[40]. El lugar de Jesús será el espacio de las criaturas abatidas e indefensas. Es decir, la tierra y los caminos de Galilea donde se encuentran los hijos de aflicción. Si el Dios de la vida es el misericordioso, el Dios encarnado se va a sumergir en el espesor de la experiencia humana convirtiéndose en criatura para desvivirse por los demás transparentando el

---

[39] GONZÁLEZ FAUS J.I. Op. Cit. pág. 174

[40] LUZ. U. Op. Cit. pág. 230. Existen otras dos asociaciones. En su arresto, Jesús renuncia a pedir la ayuda de los ángeles de Dios (Mt. 26:53). Poco después, Jesús rehúsa la propuesta de los escribas que dicen al crucificado: "Si eres Hijo de Dios desciende de la cruz..." (Mt. 27:40) retándole a bajar de la cruz. Así pues, lo que ocurre aquí, en el segundo episodio de la tentación, anticipa la obediencia del Hijo de Dios en su vida y, sobre todo, durante su pasión.

rostro de su Padre Dios. La exhibición y la ostentación milagrera son satánicos, la misericordia es prerrogativa del Dios hecho hombre[41].

A partir de aquí, el Hijo de Dios no va a aterrizar entre nosotros privilegiando su posición, ni marcando las distancias, sino dándose a conocer en la experiencia de lo más nuestro. Es cierto que se trata del Dios santo, trascendente y todopoderoso, pero ahí radica precisamente lo incomprensible para la lógica humana. Sus prerrogativas no sólo no le distancian de lo humano, sino que lo sumergen en toda la conflictividad de nuestro mundo[42]. La grandeza del Jesús que nos muestra cómo es Dios, a partir de aquí nos cambia la mirada. Porque, ya no hay un arriba, ni en el alero del templo, ni en el cielo, donde dirigir la mirada para contemplarle, sino un abajo en la tierra y entre su pueblo, donde podemos verle porque se hace presente como uno de nosotros para llevar adelante su misión.

4.3 LA TENTACIÓN DE NO IMPLICARSE CON LA REALIDAD.

"Otra vez le llevó el diablo a un monte muy alto, y le mostró todos los reinos del mundo y la gloria de ellos, y le dijo: Todo esto te daré, si postrado me adorares. Entonces Jesús le dijo: Vete, Satanás, porque escrito está: Al Señor tu Dios adorarás y a él solo servirás". (Mt. 4:8-11).

El poder es el lugar privilegiado del endiosamiento del hombre. Es el escalafón último de la idolatría. Y en esa dirección el

---

[41] CATALÁ T. "La Buena noticia de Jesús". Escuela de Teología para laícos (ESTELA). Apuntes de clase sin publicar. Pág. 3

[42] DELÁS E. "Dietrich Bonhoeffer: un teólogo a contratiempo". DSM. 2006. Pág. 81

tentador interviene: "… (Los reinos del mundo y la gloria de ellos) Todo esto te daré, si postrado me adorares" es el acto de la idolatría suprema. En el caso de Jesús, la tentación es más sutil, porque el poder le pertenece por la naturaleza misma de la filiación[43]. Lo que el tentador le oferta es una ampliación de ese poder a la condición de "este mundo" y, por tanto, como medio para realizar su misión. Pero la respuesta de Jesús es contundente y no deja lugar a equívocos: "Vete Satanás, porque escrito está: Al Señor tu Dios adorarás y a él solo servirás"[44]. En el rechazo del poder se sitúa el verdadero "poder" entendido como: "el poder de la verdad" con el anuncio de la utopía del reino; "el poder del amor, con sus concreciones de misericordia y justicia; "el poder del testimonio", con su fidelidad hasta la cruz[45].

El mesianismo de Jesús no va a ser ejercitado desde fuera de la historia, con el fin de controlarlo todo a partir del dominio apabullante que sugiere la jerarquía: arriba y poder. Nada de eso. La contundente respuesta de Jesús nos viene a confirmar de un modo inequívoco, que el acercamiento del Dios encarnado a este mundo es *la conflictividad de la vida y la historia* de los seres humanos en todo lo que estos tienen de necesitados: de perdón y de curación, de pan y de esperanza, de verdad y de justicia[46]. Por tanto, el mensaje que resuena a grito limpio en este episodio es que el Hijo de Dios hecho hombre ha vencido la tentación porque ha elegido darle a su mesianismo una dimensión sorprendente. *Se hace cargo de la realidad*: Va a encontrarse en la realidad de las cosas desde la experiencia y no

---

[43] GONZÁLEZ FAUS J.I. Op. Cit. Pág. 176

[44] LUZ U. Op. Cit. pág.230. La frase "Vete Satanás" reaparece en Mt. 16:23. Jesús rechaza con estas palabras a Pedro, empeñado en disuadirle de la pasión.

[45] SOBRINO J. Op. Cit. pág. 218

[46] Ibid pág. 189

sólo a través del mundo de las ideas. *Carga con la realidad:* Va a comprometerse con la realidad con todo su dramatismo sin volverle la cara al sufrimiento. *Se encarga de la realidad*[47]: Jesús percibe que la alternativa a la estrategia del dominio y el poder en este mundo, no es otra que la de descentrarse y desvivirse a favor de la condición humana[48], porque sólo desde ese marco de actuación es posible "adorar a Dios y servirle".

La tentación no es algo que sólo ocurrió en un determinado lugar y momento de la vida de Jesús, localizados al principio y en el desierto, sino que fue el clima en el cual se desarrolló toda su existencia, acentuándose hacia el final en el huerto de Getsemaní. El hecho de que Jesús no rehuya la tentación ni el lugar real dónde ésta ocurre, muestra que deja a Dios ser Dios y que se abandona a él dondequiera que le lleve[49].

---

[47] SOBRINO J. "Fe y Justicia". Desclée de Brouwer. 1999. Pág. 40-41

[48] CATALÁ T. Op. cit. pág. 4. Jesús percibe a las criaturas en horizontal y, mirándolas a los ojos, se deja afectar por ellas.

[49] SOBRINO J. "Jesucristo Liberador". Trotta. 1993. Pág. 198

5

JESÚS DE NAZARET
Y EL REINO DE DIOS

Introducción.

"El reino de Dios" siempre fue central para Jesús. Por eso, importa que nos preguntemos: ¿Qué sentido tenía para él?. ¿Cómo se relaciona con el conjunto de su mensaje?. ¿Por qué Jesús privilegia de tal modo esta expresión?. ¿Qué implicaciones posee?. Conviene responder a estas preguntas procurando esquivar, sobre todo, el peligro de los anacronismos, es decir, evitando proyectar nuestras categorías occidentales a la exégesis para convertirlas en criterio hermenéutico de los textos sobre el tema.

En la fe de Israel estaba muy presente la idea de que Dios era rey de toda la realidad como creador, por un lado, y de Israel por la elección, por otra parte, lo cual se expresaba frecuentemente en contextos de alabanza y de acción de gracias[50]. Jehová se convirtió en rey de Israel peleando por su pueblo contra los egipcios y librándolos en el mar Rojo. El gran canto

---

[50] AGUIRRE R. "Ensayo sobre los orígenes del cristianismo". Verbo Divino. 2001. Págs. 11, 13

de acción de gracias de Ex. 15 termina con una aclamación que pasa del acto redentor original a la proclama del reinado eterno del Dios Libertador: "Jehová reinará para siempre" (Ex. 15:18). A renglón seguido, la soberanía de Jehová es sellada con la alianza en el monte Sinaí, donde Israel se convierte para Dios en "un reino de sacerdotes" (Ex. 19:6); Dt. 33:5)[51].

En el mensaje de los profetas encontramos algo que resulta decisivo para entender el mensaje de Jesús acerca del Reino de Dios. En momentos de opresión crítica, cuando se pone en crisis radical la identidad cultural y religiosa del pueblo de Dios, como se ve en los libros de Daniel e Isaías, aparece muy viva la esperanza en la afirmación en la historia del reinado de Dios, que habría de suponer la liberación de Israel de sus enemigos, la restauración de las doce tribus, la renovación del templo y la resurrección de los muertos. Reino de Dios es el clamor y la esperanza de un pueblo oprimido que siente sobre sí el dolor del yugo de otros reinos y otros señores que no son Jehová, de modo que Israel palpa por experiencia propia lo que se opone radicalmente a la voluntad del Dios del pacto.

De lo dicho se sigue algo muy importante que suele pasar desapercibido en la exégesis: El anuncio de Jesús del reino implicaba una seria crítica de la teología imperial, que no podía pasar desapercibida a sus contemporáneos. La ideología política se formulaba en términos teológicos y se expresaba a través del culto y del ritual. Este aura de legitimación sobrenatural se encerraba y se expresaba a través de la figura del monarca que aparecía como la encarnación del orden cósmico divinamente ordenado. La legitimación religiosa de la pax romana y de la persona del emperador era omnipresente y aparecía en

---

[51] MEIER J. "Un judío marginal". Verbo Divino. 1997. Pág. 303

las monedas de uso cotidiano, en los monumentos, en las inscripciones públicas, en las ceremonias, etc. Erigir a Dios en el único absoluto y proclamar su reinado suponía, sin duda, poner en crisis al emperador y su poder, que pretendían constituirse en instancia última de las vidas y las conciencias de las personas[52].

5.1 EL SIGNIFICADO DEL REINO DE DIOS.

5.1.1 Lo último para Jesús: El reino de Dios.

Tanto Marcos como Mateo presentan el comienzo de la misión pública de Jesús con estas palabras: "Marchó Jesús a Galilea y proclamaba la buena noticia diciendo: El tiempo se ha cumplido y el reino de Dios está cerca, convertíos y creed en la buena noticia" (Mr. 1:14; Mt. 4:17). En el evangelio de Lucas, el comienzo de la vida pública de Jesús tiene lugar en la sinagoga de Nazaret con el anuncio de la buena noticia a los pobres y la liberación de los oprimidos (Lc. 4:18), pero el mismo Jesús relaciona la buena noticia con el reino: "Tengo que anunciar la buena noticia del reino de Dios, porque a esto he sido enviado" (Lc. 4:43; 8:1).

Esta presentación inaugural de Jesús desde el reino de Dios aparece en los sinópticos con la clara intención de ofrecer un sumario programático de su misión. Por consiguiente, por el elevado número de veces que aparece la expresión en los sinópticos y casi siempre en boca de Jesús, y porque se encuentra en los más diversos contextos de su predicación (parábolas, discursos apocalípticos, exigencias éticas) no podemos dudar de la

---

[52] AGUIRRE R. Op. Cit. pág. 15

centralidad histórica y teológica del reino de Dios para Jesús. Por tanto, Jesús proclama el reino de Dios y no a sí mismo, el tema central de su discurso fue la soberanía real de Dios.

La razón de esta concepción de Dios que posee Jesús es conocida y hunde sus raíces en el Antiguo Testamento, como ya hemos dicho. Sin embargo, es necesario poner de manifiesto que la persona de Dios en su autorrevelación nunca aparece como un *Dios-en-sí*, sino como un Dios para la historia y, por ello, como el *Dios-de-un-pueblo*: "Yo seré vuestro Dios y vosotros seréis mi pueblo", es la confesión de Israel. En ella se proclama a un Dios por esencia relacional, que *se revela* y que *es* en relación a un pueblo. Por diferentes que sean las tradiciones sobre Dios en el Antiguo Testamento, todas tienen en común la revelación de un *Dios-de, un Dios-para,* pero nunca un *Dios-en-sí*[53].

Por tanto, el reino de Dios no es ni un concepto espacial ni un concepto estático, sino un concepto dinámico. Designa la soberanía real de Dios ejerciéndose "in actu", en contraste con la soberanía de todo rey terreno. La característica principal de este reino divino es que Dios realiza el ideal regio de la justicia en el marco de la misericordia, un ideal que jamás había tenido pleno cumplimiento en la tierra. La justicia del gran rey contrasta poderosamente sobre la del resto de los soberanos de este mundo, porque no consiste sólo en una actuación poderosa conceptuada por la justicia desde las posibilidades humanas, sino en la protección, el cuidado y el interés misericordioso del rey ideal hacia los más desfavorecidos: Los desvalidos, los débiles, los pobres, las viudas y los huérfanos[54].

---

[53] SOBRINO J. Op. Cit. Págs. 96-97

[54] JEREMÍAS J. "Teología del N.T." Sígueme. 2001. Pág. 121-122

5.1.2 El reino de Dios: La reunión definitiva del pueblo de Dios.

Si se considera en serio el trasfondo de la proclamación de Mr. 1:15, que es claramente el libro de Isaías, en absoluto se puede dejar de entender la venida del reino de Dios de la que Jesús habla, como un suceso muy concreto y visible: comienza la reunión definitiva del pueblo de Dios. Y todo esto no por su propia fuerza, sino a través de un acontecimiento que muestra la majestad de Dios y todo su poder. La reunión definitiva y la nueva creación del pueblo de Dios por medio de Jesús es, por tanto, el equivalente necesario de su proclamación del reino de Dios. Si se habla solamente del concepto de reino de Dios, sin tener a la vista a la vez el actuar de Dios en Israel en toda su concreción social, permanece todo difuso e ininteligible.

¿Cómo se realiza en Jesús la nueva creación de Dios?. Después del bautismo de Jesús en el Jordán, su período de prueba en el desierto y su proclamación del reino de Dios, Marcos narra de inmediato el llamamiento de los primeros discípulos. Mateo y Juan también lo hacen. La convocación de los discípulos es, pues, lo primero que Jesús hace en Galilea según los evangelios. Hubiera parecido más lógico anteponer una predicación de Jesús e informar de sus milagros de curación. Lucas ha reelaborado la antigua tradición de los evangelios que tenía ante sí. Pero también, como los otros tres evangelistas, considera de importancia decisiva el llamamiento de los discípulos. Los discípulos no son en los evangelios meras comparsas para la animación del escenario. No aparecen para que la persona de Jesús se pueda desplegar de modo más impresionante. Nada de eso. Ellos son junto a Jesús los protagonistas del drama de los evangelios. Son llamados al seguimiento y este seguimiento se corona con la designación de los doce y su envío a todo Israel:

"Y estableció a doce, para que estuviesen con él y para enviarlos a predicar, y que tuviesen autoridad para sanar enfermedades y para echar fuera demonios" (Mr. 3:13-14).

Por lo tanto, los doce son los escogidos de entre un grupo mayor de discípulos. Representan a las doce tribus de Israel, son el comienzo y el núcleo del crecimiento del Israel renovado y definitivo. Todo discipulado apunta por tanto hacia Israel, hacia la reunión de todo el pueblo de Dios. Con los discípulos comienza la nueva creación definitiva de Israel y en ella se revela el señorío de Dios. Por consiguiente, la venida del reino de Dios, como espacio en el que se manifiesta la soberanía de Dios en este mundo, es para Jesús el centro de su existencia. Pero este reino nunca se queda en el nivel de las meras palabras. Debe tomar cuerpo. No sólo necesita el oído humano, sino también la vista y el tacto. Sólo se puede saber que el reino de Dios despunta, si las personas se atreven a abandonar su vieja condición y se dejan unir por la guía de Jesús de Nazaret[55].

5.1.3 El reino de Dios: La gloria de Dios revelada en la historia humana.

El cuarto evangelista, de modo semejante a Marcos, también sitúa al principio de la actividad de Jesús un acontecimiento de plenitud mesiánica (Jn. 2:1-11). Acontece en Caná, en el contexto de una boda que amenaza con acabar en la escasez, porque el vino se ha agotado. La abundancia mesiánica se muestra aquí en el milagro del vino que Jesús realiza. La narración pone cuidadosamente de relieve que él regala a los participantes en la boda un exceso de vino. Por mandato de Jesús no se llenan de agua las tinajas corrientes para la conservación del vino, sino seis recipientes de caliza, utilizados

---

[55] LOHFING G. ¿Necesita Dios la Iglesia?. San Pablo. 1999. Págs. 173-175

para la purificación ritual hechos de piedra y extraordinariamente grandes. Cada uno de estos recipientes contenía según la información de los evangelistas de 2 a 3 medidas, es decir, unos 100 litros. En total se transforman en vino unos 600-700 litros de agua. El narrador no sólo suministra estas medidas detalladas, sino que expresamente añade: "Y las llenaron hasta arriba" (Jn. 2:7).

Con estos detalles se muestra la intención del evangelista. Él quiere decir que el don de Jesús es sobreabundante. Nada se reduce, limita, mide o escamotea. Se colman todos los recipientes grandes que encuentran. Pero con esto no basta para que se haga visible la abundancia del vino. La narración remite igualmente a la calidad del vino. Para ello se introduce la figura del maestresala que no conoce el origen de tanto vino y le resulta sumamente extraño no haberlo catado antes. El vino mejor se sirve al principio y no al final de la fiesta. El vino posterior es excelente y sobreabundante. Por eso, al final el evangelista interpreta lo que allí ha sucedido con la siguiente frase:

"Este principio de señales hizo Jesús en Caná de Galilea, y manifestó su gloria; y sus discípulos creyeron en él" (Jn. 2:11).

La abundancia y la calidad del vino se deben colocar en relación directa con "la gloria de Jesús". La gloria de Jesús no permanece en lo sobrenatural, lo interno, lo puramente espiritual, sino que se hace visible y palpable, se puede probar y gustar. La gloria de Jesús que se hace visible en el milagro de Caná, es el reflejo de la gloria de Dios, de la cual el Hijo participa desde siempre, según la teología joánica. Pero al mismo tiempo, es la irrupción palpable y notoria en la historia del pueblo de Dios, Israel, a quien ahora se regala, con la entrada en escena de Jesús, la sobreabundancia definitiva de la gloria del Señor.

Sin embargo, se debe "creer" en esta gloria. El "ver" no es en Juan un consumir exterior con los ojos, sino que presupone un "embarcarse" creyente en la obra de Dios. Por consiguiente, en el relato también se distingue con agudeza entre los que creen y los que no comprenden lo que sucede ante ellos. El maestresala de aquel lugar es, en cierto modo, el arquetipo de todos aquellos que están directamente presentes e implicados en la historia, que incluso gustan de "la gloria" sobreabundante manifestada y, con todo, no saben "de dónde viene" (Cf. Jn. 2:9). Paradigmáticamente, en este personaje están representados todos los que están allí oyendo, pero sin entender y viendo pero sin reconocer. Por el contrario, de los discípulos se dice expresamente algo distinto:

"… Manifestó su gloria y sus discípulos creyeron en él" (Jn. 2:11).

Porque los discípulos creen, con ellos comienza la reunión del pueblo de Dios definitivo. Porque creen, ellos mismos reciben de la abundancia de la gloria de Jesús "gracia sobre gracia" (Jn. 1:16). Con el milagro del vino de Caná empieza, en el sentido de la teología joánica, la gran y definitiva obra de Dios. Se revela en Israel su gloria prometida por los profetas, y la revela en la gloria del Hijo, de la cual participan todos los que creen en él[56].

5.2 EL REINO DE DIOS: CLAVES PARA SU COMPRENSIÓN.

En los evangelios no se da una definición de lo que es el reino de Dios. En ningún lugar está dicho, de un modo académico, en qué consiste. Por tanto, si Jesús nunca ofreció una explicación *dogmática* de esa realidad, esto significa por lo menos

[56] LOHFING G. Op. Cit. Págs. 187-189

dos cosas. La primera, que no existía la más mínima intención de transmitir la idea del reino de Dios como una realidad que pudiese quedar agotada sobre fundamentos conceptuales y esencialistas. Nada de eso. Pero, en segundo lugar, llama la atención que Jesús hablase del reino de Dios de un modo que resultaba familiar, cercano y comprensible, sobre todo a las gentes más sencillas.

Curiosamente, la presencia del reino de Dios, tal como lo planteó y lo vivió Jesús, provocó dos efectos al mismo tiempo: en la gran masa del pueblo, un entusiasmo desbordante. Y, en los grupos dirigentes, un rechazo frontal. Esto significaba que los contenidos del mensaje respondían a algo que ansiaban y acogían las gentes más sencillas de aquella sociedad, mientras que ese mismo mensaje era algo que inquietaba, ponía nerviosos e irritaba a las personas mejor vistas, más importantes e instaladas en el sistema religioso del pueblo judío. Es decir, a las gentes más identificadas con la religión establecida, tal como aquella religión era interpretada y vivida entonces. Importa no perder de vista este contraste.

Cuando los evangelios hablan de los que seguían a Jesús porque les entusiasmaba su mensaje, los textos nos hablan de "mucha gente". Este término y algunos similares se repiten con mucha frecuencia en los sinópticos. Mateo los usa 49 veces, Marcos 38 veces y Lucas 41 veces. La expresión "gentes", desde muy antiguo se utilizaba para describir a "la muchedumbre del pueblo", o "el gentío", en contraposición a "los nobles o la clase superior". Se trata de "la masa carente de orientación y caudillaje, la plebe carente de significado político e intelectual". Pues bien, Jesús proclamando el mensaje del reino de Dios, encuentra mejor acogida en la multitud desorganizada de gentes que no tienen ninguna cualidad especial.

La postura opuesta está representada por los círculos dirigentes que desprecian a las gentes que carecen de educación y no guardan la ley. Según la durísima descripción que de estos hacen los principales se trata de: "La gente que no sabe la ley y es maldita" (Jn. 7:49). Por eso, en los evangelios a estas gentes se las asocia con la enfermedad (Mt. 15:30); con los demonios (Mt. 17:14.18); con el pecado (Lc. 5:29-30); con el hambre (Mt. 15:32). De modo que Jesús sentía compasión de aquella gente "porque estaban desamparadas y dispersas como ovejas que no tienen pastor" (Mt. 9:36). Y es importante caer en la cuenta de que el evangelio de Mateo pone estas palabras en boca de Jesús precisamente cuando va a comenzar el discurso de la misión, que tiene como tema central: "El reino de los cielos" (Mt. 10:7).

Si el reino de Dios entusiasmó y fue acogido por los sencillos, los ignorantes, los marginados, los sin nombre, esto significa que se encuentra al alcance de cualquiera que se acerca a él por sencillo que sea. Pero, además, y por eso mismo, quiere decir también que la clave para su comprensión y disfrute nada tiene que ver con magisterios teológicos, ni con estructuras de poder blindadas que pontifican sobre la distancia o la cercanía con lo divino. Nada de eso. El acceso a la comprensión y disfrute del reino de Dios no se encuentra ni en el "sabio", ni en el "poderoso", ni en el "intelectual". Todo lo contrario, "la sabiduría de Dios" está asociada a "lo necio", "lo débil", "lo menospreciado", "lo que no es" (1ª Co. 1:27-28), es decir, a lo que no cuenta para nada en esta vida[57].

---

[57] CASTILLO J.M. Op. Cit. Págs. 38, 44, 51

5.3 LA GRATUIDAD DEL REINO DE DIOS.

El reino de Dios no es el fruto de los esfuerzos humanos, ni la mera prolongación de las propias posibilidades, sino que irrumpe en el mundo como pura gracia. No se puede merecer por ningún esfuerzo, ni se puede implantar por la fuerza, ni construir con los propios recursos. El reino de Dios es un regalo, un don que se ofrece gratuitamente (Lc. 12:32). Lo primero que hemos de hacer es acogerlo como una oferta, aceptando que Dios se nos acerca como gracia capaz de transformar nuestra historia para abrirnos a un futuro de esperanza aquí, ahora y para siempre. El lenguaje de construir y edificar el reino de Dios desde los recursos humanos está ausente en los evangelios.

Sin embargo, la gratuidad del reino de Dios no significa pasividad en su acogida. Al contrario, podríamos afirmar que es en la praxis de la justicia y del principio misericordia donde la gratuidad del amor de Dios alcanza su plenitud, pues se nos regala la capacidad de hacer surgir desde lo más hondo del ser un hombre nuevo. Por tanto, la gratuidad tiene que ver con ojos nuevos para ver, oídos nuevos para oír y manos nuevas para hacer[58]. Gratuidad y acción, pues, no se oponen. La venida del reino de Dios es el resultado de su propia iniciativa. Pero tan cierto como eso es que el propósito divino es que se cumpla su voluntad en este mundo. Lo que queda claro es que el amor gratuito de Dios es el que genera la necesidad y la posibilidad de la reacción amorosa de las personas. En el caso de la conversión de los pecadores, es la bondad y la ternura de Dios lo que hace posible la transformación de aquellos. La misericordia de Dios que se experimenta es el presupuesto y el fundamento

---

[58] PAGOLA J.A. "Jesús de Nazaret. El hombre y su mensaje". Idatz. 1994. Págs. 99-100

de todo comportamiento misericordioso entre los seres humanos[59]. En el lenguaje de 1ª Juan 4:11 - "Si Dios nos ha amado así, debemos también nosotros amarnos unos a otros".

5.4 EL REINO DE DIOS EN LOS MILAGROS DE JESÚS.

Introducción.

Los evangelios no presentan a Jesús caminando por Galilea en busca de pecadores para convertirlos de sus pecados. Lo presentan acercándose a enfermos y endemoniados para curarlos de su sufrimiento. Su misión no aparece configurada tanto en orden a "cuestiones morales", sino en relación con un enfoque terapéutico, encaminada a aliviar el sufrimiento de quienes se ven agobiados y aplastados por el mal y, por ello, excluidos de una vida digna. No es que no le preocupe el pecado sino que, para él, el pecado que ofrece mayor resistencia al reino de Dios es precisamente la existencia de tanto sufrimiento y tanta indiferencia que se desentiende de él.

Las curaciones que Jesús lleva a cabo son el signo que mejor condensa e ilumina su proyecto del reino de Dios. Pero, bien entendido que él no cura de manera arbitraria, ni por puro sensacionalismo, sino movido exclusivamente por el principio de la misericordia[60]. Esto es algo que queda muy claro en las motivaciones de Jesús. Él actúa con absoluta limpieza. Nunca utiliza el sufrimiento de los demás para otra cosa que no sea aliviarlo. Jamás aprovecha el agradecimiento de las personas para chantajearlas y aumentar así el número de sus seguidores. No genera dependencias. Nunca se le ocurre traficar con el

---

[59] SOBRINO J. Op. Cit. Pág. 108

[60] ÁVILA A "El grito de los excluidos". Verbo Divino. 2006. Págs. 183-184

dolor de la gente para aumentar su propio prestigio, ni quiere publicidad gratuita. No se deja atrapar por el brillo del prestigio o el poder que resultan de sus obras milagrosas[61]. Un ejemplo nos lo ilustrará con claridad. En el capítulo primero del evangelio de Marcos, Jesús "sanó a muchos que estaban enfermos de diversas enfermedades, y echó fuera muchos demonios..." (vs. 34). A renglón seguido, Jesús "... salió y se fue a un lugar desierto y allí oraba. Y le buscó Simón y los que con él estaban y hallándole le dijeron: Todos te buscan. Él les dijo: vamos a los lugares vecinos para que predique también allí, porque para esto he venido".

Este episodio está situado muy al principio del ministerio público de Jesús. En el evangelio de Marcos los milagros están íntimamente ligados al anuncio de la buena nueva del reino y a la persona de Jesús[62]. Pues bien, los discípulos que observan con atención los recursos ilimitados del Maestro para sanar, echar demonios y lograr celebridad entre el pueblo, no toleran que Jesús ignore los resultados conseguidos en forma de reconocimiento por parte del pueblo y pretenden que se "instale" en la ciudad para fundar "la industria del milagro". No lo hará. Para él es preciso alcanzar a muchos otros con el mensaje, los milagros y las señales que acompañan la llegada del evangelio del reino.

5.4.1 Los milagros: clamores del reino.

Si los milagros nos dicen algo significativo sobre lo que es el reino, hay que evitar malentendidos. Quizás el más importante proviene de la concepción moderna-occidental, según la cual el milagro consiste en que con él se han violado las leyes

[61] CATALÁ T. Op. Cit. Pág. 11

[62] LATOURELLE R. "Milagros de Jesús y teología del milagro". Sígueme. 1997. Pág. 276

de la naturaleza y, por ello, el milagro es expresión de un poder sobrenatural. Pero, no es ésta la concepción bíblica de milagro. Para el pueblo de Dios, los milagros no eran importantes tanto por lo que tuvieran de sobrenatural, sino por lo que manifestaban acerca de la poderosa acción salvífica de Dios. Para describirlos se usan las palabras *semeia* (signos, con lo cual se atribuye el acontecimiento a Dios), *dynameis* (acto de poder) y *erga* (obras, las de Jesús). Por tanto, Jesús no aparece como un taumaturgo profesional de los que menudeaban en su época.

Los milagros hablan primeramente de la relación con el reino de Dios. Son antes que nada "signos" de la cercanía del reino. No traen la solución global a la realidad oprimida, es cierto, pero son signos reales del acercamiento de Dios y, por ello, generan esperanza de salvación. En este sentido, los milagros no hacen real el reino de Dios en cuanto transformación radical de la realidad, pero sí son como sus clamores y ponen en la dirección correcta de lo que será el reino en su advenimiento.

Estos signos acaecen en una historia de opresión. No son, pues, sólo signos benéficos sino también signos liberadores. Ocurren en una historia en la cual se da una lucha entre Dios y el maligno, pues para la mentalidad judía también las enfermedades, en el sentido más amplio del término, significaban estar bajo el dominio del maligno. Los milagros, pues, como todas las actividades y praxis de Jesús, no deben ser comprendidos sólo desde el reino, sino también dialécticamente desde el antirreino. Por ello, hay que subrayar su aspecto no sólo benéfico a favor de alguien, sino también su aspecto liberador en contra de alguien o de algo. Y esto es importante para comprender por qué los milagros de Jesús generan esperanza y no sólo gozo. Generan gozo por su aspecto benéfico, pero generan esperanza porque expresan que las fuerzas opresoras del diablo y el pecado pueden ser derrotadas.

5.4.2 Los milagros y la misericordia de Jesús.

La importancia cristológica primaria de los milagros es que muestran una dimensión fundamental del carácter de Jesús: La misericordia. Los milagros muestran no sólo el poder, sino principalmente su reacción frente al dolor de los más oprimidos y débiles. "... Vio una gran multitud y tuvo compasión de ellos, y sanó a los que de ellos estaban enfermos" (Mt. 14:14). Sintió compasión de un leproso (Mr. 1:41). Tuvo entrañas de misericordia hacia una multitud hambrienta (Mr. 8:2). Se apiadó de la viuda de Naín (Lc. 7:13).

Jesús aparece como quien se siente profundamente conmovido por el dolor ajeno, reacciona ante él salvíficamente y hace de esa reacción criterio de toda su praxis[63]. Es importante recordar que el verbo con que se describe la actitud de Jesús en los pasajes citados es *esplagchnizomai,* que se construye a partir del sustantivo *splagchnon* que, en plural, indica los órganos internos, las entrañas del ser. De ahí que, en sentido figurado, se considere como la sede de los sentimientos. Por lo tanto, cuando los evangelios utilizan este verbo para referirse a las relaciones o comportamientos de Jesús, en realidad de lo que hablan es de su sensibilidad, porque él sentía una conmoción desde lo más hondo de sus propias entrañas contemplando el sufrimiento de las personas.

Así está documentado en los evangelios. Por eso, los relatos evangélicos echan mano de ese verbo griego cuando se refieren a situaciones humanas de extrema emoción con toda la fuerza de lo más vehemente que experimentamos los humanos en determinados casos. Es lo que sintió el padre del hijo extraviado cuando lo vio regresar a casa (Lc. 15:20). O lo que vivió aquel samaritano ejemplar cuando encontró

---

[63] SOBRINO J. Op. Cit. págs. 124-125

al desgraciado al que habían robado y apaleado unos bandidos, dejándolo medio muerto en la cuneta de un camino (Lc. 10:34)[64]. En ser expresión de misericordia estriba el valor permanente de los milagros de Jesús: son signos poderosos que surgen del dolor ante el sufrimiento ajeno y, específicamente, de las mayorías pobres y marginadas que lo rodeaban. Pero, una vez más conviene recordarlo, los milagros no son sólo lo que se entiende por obras de misericordia a modo de ayuda benéfica, son simultáneamente obras que suscitan la esperanza de que la liberación es posible[65].

5.4.3 Los milagros de Jesús y la fe.

Jesús nunca realizó milagros sin más ni más. Siempre se mostró reticente a aparecer como un taumaturgo profesional. Eso se nota en que las escenas de milagros aparecen relacionadas con las fe de aquellos que son curados. A menudo, la fe es la condición exigida para el milagro: "No temas, cree solamente" (Mr. 5:36), dice Jesús al jefe de la sinagoga, cuya hija acababa de morir. Mientras que en Nazaret no pudo hacer milagros por falta de fe (Mr. 5:5 ss.) En otras ocasiones, Jesús constata ya la existencia de la fe: "…Viendo Jesús la fe de ellos, dijo al paralítico… a ti te digo; levántate, toma tu camilla y vete a tu casa" (Mr. 2:5-1).

Lo que parece más notable, sin embargo, es la repetida sentencia de Jesús: "Tu fe te ha hecho salva" (Mr. 5:34; Mt. 9:22), radicalizada y elevada a tesis en aquella otra de "Si puedes creer, al que cree todo le es posible" (Mr. 9:23). ¿Qué significa aquí "fe", que no es estrictamente hablando ni condición ni consecuencia del milagro, sino aquello que lo realiza?. Indudablemente, aquí

---

[64] ÁVILA A. Op. Cit. pág. 157-158
[65] SOBRINO J. Op. Cit. pág. 126

"fe" no tiene nada que ver con una aceptación de verdades doctrinales, ni siquiera con una confesión cristológica con respecto a la persona de Jesús. Fe parece tener que ver aquí con Dios y de una manera muy precisa, es la aceptación y el hondo convencimiento de que Dios es bueno para con el débil y de que su bondad puede triunfar sobre el mal.

Esa fe tiene que ver con el Jesús que la posibilita. De él se dice que brota un poder capaz de hacer cambiar a las personas. En este sentido es muy acertada la frase de Schillebeecks: "La misión del Jesús terreno era suscitar una fe incondicional en Dios entre las personas que, de forma transitoria o permanente, entraban en contacto con él". Pero hay que hacer una precisión: la fe es en un Dios que, al acercarse, hace creer en nuevas posibilidades activamente negadas en la historia a muchos. Es la fe que supera el fatalismo. Es fe en un Dios del reino en contra de los ídolos del antirreino. Por eso se dice que allí donde no había fe, Jesús no podía hacer milagros (Lc. 11:29)

5.4.4 La expulsión de demonios: Dimensión última del antirreino.

En el mundo antiguo y en tiempos de Jesús, existía la convicción de que el mundo estaba poblado por fuerzas desconocidas que se hacían muy presentes en la vida de los seres humanos y eran dañinas para ellos. La visión del mundo estaba impregnada y aún dominada por la demonología. En concreto, en tiempos de Jesús reinaba un terror extraordinariamente intenso a los demonios. Esas fuerzas actuaban sobre todo a través de la enfermedad y especialmente de las enfermedades de tipo psíquico, de tal manera que los demonios poseían a sus víctimas total y realmente. La enfermedad y la enfermedad psíquica no eran sólo un mal a eliminar, sino una esclavitud de la cual era necesario liberar.

En ese mundo esclavizado por los demonios hace su aparición Jesús. Con todo, el Nuevo Testamento comparte esta visión que él radicaliza y transforma. Las radicaliza al unificar las diversas fuerzas maléficas plurales en el Maligno, con lo cual éste adquiere una dimensión totalizante. El mal actuante no es, pues, sólo una acción aislada, sino que es algo que lo permea todo. Es la fuerza negativa de la creación, que la destruye y la hace capaz de destruir, la cual se expresará histórica y socialmente como antirreino. Jesús afirma también que el mal tiene un gran poder y sabe que ante él los hombres se sienten indefensos e impotentes. Más aún, el poder del mal no ha alcanzado todavía su punto culminante: El maligno se erigirá en dios (Mr. 13:14). Y ese punto culminante se escatologiza: al final de los tiempos mostrará todo su poder, con lo cual se magnifica el paralelismo formal entre reino y antirreino.

Pero, por otra parte, Jesús transforma la visión demonológica al afirmar que esas fuerzas, superiores al ser humano, no son superiores a Dios ni más fuertes que él, sino al contrario. La esclavitud al maligno no es el destino último, la liberación es posible. El mismo Jesús viene con la autoridad de Dios, no sólo para ejercitar la misericordia, sino también y principalmente para emprender la lucha contra el maligno. La actuación de Jesús es la respuesta a la apremiante pregunta de la gente sencilla por la posibilidad de superación de esta realidad. Lo que muestran las acciones de Jesús, por tanto, no es la aparición en directo de un gran exorcista, sino algo mucho más radical (Mr. 1:24) y, precisamente por eso, el fin de las tribulaciones está cerca[66]. En palabras de Jesús: "Pero si yo por el Espíritu de Dios echo fuera los demonios, ciertamente ha llegado a

---

[66] SOBRINO J. Op. Cit. Págs. 129-130

vosotros el reino de Dios" (Mt. 12:28). Pero ha llegado porque tiene poder para vencer al antirreino.

5.4.5 El milagro sobreabundante del pan para los excluidos.

Mr. 6:34-44. Jesús ha hablado mucho a las multitudes sobre el reinado de Dios. El texto dice expresamente que él había enseñado mucho. Pero ahora vienen los discípulos y le ruegan que termine de instruir a la masa: "Despídelos para que vayan a los campos y aldeas de alrededor, y compren pan, pues no tienen qué comer" (Mr. 6:36). Esta manera de pensar para los discípulos parece sensata y ajustada a la realidad. Debe haber sermón del reino de Dios, pero también hay que comer. Ambas cosas son para ellos limpiamente separables. Jesús se encarga del sermón, ellos deben preocuparse de su comida.

Este relato aparece tan sencillamente descrito por Marcos, que parece difícil advertir que los discípulos claramente separan aquí la realidad en dos planos: el plano del reino de Dios y el del resto de la vida. Ambos planos, también se podría decir ambos "reinos", ya están limpiamente separados en la propuesta de los discípulos, como serán separados después una y otra vez a lo largo de la historia de la Iglesia. En el fondo, aquí parece anticipado el aislamiento moderno entre la fe y la vida, la separación de la realidad en compartimentos autónomos. Lo fascinante es que ahora Jesús elimina con una sola frase esta radical separación, que parece ser tan sensata y realista:

"Dadles vosotros de comer" (Mr. 6:37).

Con esto se termina el cómodo camino de sólo predicar a la sociedad y abandonarla a su suerte en todo lo demás. Jesús no colabora con la idea de perpetuar esa propuesta. A los discípulos les enseña que todo forma parte del reino de Dios, toda la existencia de las personas y, ahora, precisamente la comida. Ellos creen haber entendido. Son responsables de que las masas no pasen hambre y vislumbran una nueva solución: si las multitudes no pueden ser despachadas para su alimentación en privado, sino que se les debe procurar la comida en este lugar alejado de la población, todo debe organizarse de inmediato. Se debe hacer una estimación de cuánta gente hay; debe calcularse cuántos panes se necesitan, cuánto valen dichos panes y, a continuación, todos los discípulos deben marcharse sin demora y comprar pan. ¡Una buena organización!. Por consiguiente, la precisa pregunta a Jesús es:

¿Que vayamos y compremos pan por doscientos denarios, y les demos de comer? (Mr. 6:37).

Lo desconcertante aquí es que Jesús no admite tampoco esta propuesta, porque el reino de Dios con su presencia significa mucho más. No sólo es preciso eliminar la necesidad, sino que la abundancia forma parte de su esencia. En el reino de Dios resplandece la abundancia divina. Para Jesús, el hecho de que los hambrientos se sacien en el reino de Dios funciona de otra manera. Por eso, a partir de este momento toma la iniciativa y pregunta:

¿Cuántos panes tenéis?. (Mr. 6:38).

No es necesario despedir a la gente, y tampoco hace falta ir a comprar comida en otro lugar. El banquete del reino de Dios se desarrolla como un milagro, es decir, como el milagro de ofrecer lo que ya está allí. Para que se pueda realizar el milagro, no obstante, debe suceder algo decisivo. Jesús ordena a sus discípulos que repartan a la multitud por grupos de comensales. Lo que él quiere decir se ilumina con la siguiente frase:

"Y se recostaron por grupos, de ciento en ciento y de cincuenta en cincuenta". (Mr. 6:40).

Es claramente una alusión a Ex. 18:25: En este texto se describe la disposición del campamento del pueblo de Dios que atraviesa el desierto. Como sabemos por Qumram, en las comidas comunitarias se reproducía conscientemente la disposición según el texto de Éxodo. Pero, sobre todo, se la esperaba para el banquete mesiánico del fin de los tiempos. Desde ese trasfondo, el texto de Marcos sólo puede querer decir: Jesús de Nazaret dispone a las multitudes, que aparecen sin metas ni orientación en la vida y vagan como ovejas sin pastor (cf. Mr. 6:34), para formar parte del pueblo de Dios al final de los tiempos. Sólo puede acontecer el milagro si el pueblo de Dios se deja reunir en torno a Jesús, su pastor definitivo. Sólo entonces puede tener lugar el banquete del reino de Dios. Sólo entonces puede resplandecer la gloria del festín. Todos quedarán saciados, porque no sólo se les da de comer, sino que experimentan la fiesta con recursos sobreabundantes[67].

5.5 EL REINO DE DIOS EN LAS COMIDAS DE JESÚS.

Introducción.

En todas las sociedades, ya sean simples o complejas, el comer es la primera forma de iniciar y mantener relaciones humanas. Cuando se descubre cuándo, dónde y con quién se come, se pueden deducir ya todas las demás relaciones entre los miembros de esa sociedad. Por tanto, disponer de estos datos es conocer la naturaleza de ese mundo.

Hablando de la sociedad greco-romana observamos que la postura de estar reclinados en la mesa requería de alguien que sirviese y, además, a veces el diverso rango de los invitados

[67] LOHFING G. Op. cit. Págs. 193-195

venía indicado por el anfitrión en el hecho de servir a la mesa un vino o un alimento de inferior calidad a quien se consideraba de rango inferior. La forma de comer, por tanto, vinculaba con el propio grupo y con su historia. Existen alimentos que llegan a ser emblemáticos de un grupo social y que no pueden faltar en determinadas celebraciones colectivas. Por tanto, existe siempre una relación entre, por una parte, la forma de comer, lo que se come, con quién, dónde y cuándo se come y, por otra, el grupo al que se pertenece, con sus tradiciones, sus normas y su visión del mundo[68]. La comida es un código que encierra mensajes de diferente nivel sobre las relaciones sociales existentes en una sociedad, sobre su forma de jerarquía y estratificación, sobre las barreras establecidas con otros grupos y sobre las condiciones en que éstas se pueden traspasar.

5.5.1 Compartir la mesa en tiempos de Jesús.

No pocos se extrañan, y no sin razón, del espacio que ocupan en el evangelio la mesa y las comidas. Jesús se dejó invitar con agrado por numerosos amigos y conocidos. Fue huésped de recién casados de Caná que le invitaron, junto con su madre y sus discípulos (Jn. 2:1-2). También lo fue de Marta y María cuando iba camino de Jerusalén (Lc. 10:38). Y, luego, fue invitado de honor en la cena festiva que siguió a la resurrección de su hermano Lázaro (Jn. 12:2).

Jesús aceptó con agrado sentarse a la mesa con fariseos que no eran necesariamente amigos suyos (Lc. 7:36; 11:37) y estos encuentros le brindaron la ocasión de enseñar lecciones extraídas de la misma realidad. La observación del comportamiento de aquellos que envidiaban los puestos más destacados invita,

---

[68] AGUIRRE R. "La mesa compartida". Sal Terrae. 1994. Págs. 27, 31-32

según Jesús, a una reflexión seria: es necesario ser comedidos y prudentes, porque a nadie le resulta agradable oír que ha ocupado un puesto más elevado del que le corresponde (Lc. 14:9). Al mismo tiempo, el Señor hace un elogio de la gratuidad en torno a la comida volviendo del revés los usos habituales: "Cuando des una comida o una cena, no invites a tus amigos, ni a tus hermanos, ni a tus parientes, ni a tus vecinos ricos; no sea que te inviten ellos para corresponder y quedes pagado. Al contrario, cuando des un banquete, invita a los pobres, los lisiados, los cojos y ciegos y dichoso tú entonces porque no pueden pagarte…" (Lc. 14:12-14)[69].

5.5.2 El sentido evocador del banquete mesiánico.

Experiencias humanas tan reales y compartidas como el hambre, la necesidad de alimento y la alegría del banquete se usan de manera simbólica para expresar esperanzas espirituales muy profundas. Concretamente, la plenitud humana del encuentro con Dios, la salvación, se suelen expresar con la imagen del banquete. El texto clásico de la tradición judía es Is. 25:6-8:

"Y Jehová de los ejércitos hará en este monte a todos los pueblos banquete de manjares suculentos, banquete de vinos refinados, de gruesos tuétanos y de vinos purificados. Y destruirá en este monte la cubierta con que están cubiertos todos los pueblos, y el velo que envuelve a todas las naciones. Destruirá a la muerte para siempre y enjugará Jehová el Señor toda lágrima de todos los rostros; y quitará la afrenta de su pueblo de toda la tierra; porque Jehová lo ha dicho".

Encontramos en este texto temas conectados con el motivo del banquete: la victoria sobre los elementos, una celebración

---

[69] LUNEAU R. Jesús, el hombre que "evangelizó" a Dios. Sal Terrae. 1999. Pág. 69

de alegría eterna, la abundancia de alimentos, la presencia (implícita de Mesías), el juicio y la peregrinación de las naciones. En el Nuevo Testamento se alude al banquete mesiánico en varios lugares (Mr. 14:25; Lc. l3:28-29; 14:15; 22:16). El banquete mesiánico utiliza una imagen tomada de la casa y de la vida familiar, es decir, del ámbito en el que rigen las relaciones de solidaridad, donde se expresa la acogida, la reciprocidad, la igualdad y el perdón[70]. Porque no se trata sólo de comer, sino también de celebrar y para ello hace falta un encuentro conceptuado por una actitud festiva.

5.5.3 Las comidas de Jesús en el evangelio.

El hecho de comer con publicanos y pecadores (Lc. 5:27-39) es un dato constatado en la vida de Jesús, que le costó críticas feroces. Jesús se expresa no sólo a través de palabras, sino también con "signos proféticos" realizados en momentos muy especiales, que ponen de manifiesto aspectos claves de su mensaje y de su proyecto. Pues bien, la comensalidad abierta de Jesús, sentarse a la mesa con gente estigmatizada e impura religiosa y socialmente, era el signo más claro y provocativo del carácter inclusivo y abierto del reino de Dios.

Jesús no respeta las normas. Come con publicanos y pecadores; se hospeda por propia iniciativa en casa de un jefe de los publicanos, un pecador público (Lc. 7:32-50). La etiqueta no puede ser más estigmatizante: "Comilón y bebedor de vino, amigo de publicanos y pecadores" (Lc. 7:34). ¿Por qué actúa Jesús así?. Sencillamente, porque quiere hacer presente a un Dios misericordioso, que se acerca a todos para ofrecer su amor y, con ello, deja abolida toda legitimación religiosa de la marginación de unos y de la superioridad de otros.

[70] AGUIRRE R. Op. Cit. Pág. 53

El Dios de Jesús no es el santo al que se acceda por medio de separaciones de lo profano, que es lo que pretendían las normas de pureza. Los movimientos de renovación religiosa existentes en el judaísmo del aquel tiempo eran de carácter exclusivista, es decir, pretendían reforzar las normas de pureza para garantizar la "santidad" de Israel. Sin embargo, el movimiento de Jesús es inclusivo; se dirige a todo el pueblo sin excepción y, particularmente, busca la cercanía de los tenidos por pecadores e impuros, es decir, de los marginados del sistema. En la raíz del anuncio de Jesús acerca del reino de Dios se encuentra la presentación de un Dios que cambia la mirada para valorar la realidad de otra manera que descubre posibilidades inéditas, que critica lo establecido y promueve un movimiento contracultural[71]. Entramos así en un nuevo mundo en el que la dignidad y la aceptación del ser humano no le vienen de su status social, ni de su imagen religiosa, sino de la invitación que se le hace a ocupar un lugar en la mesa. Y esa invitación se hace a todos y cada uno[72].

Pero como también la celebración del reino no puede ignorar la existencia del antirreino, Jesús concede gran importancia a que se sienten a la mesa aquellos a quienes habitualmente el antirreino separa de ella. En las parábolas recalca que en el reino participan del banquete aquellos que nunca fueron invitados: "Los pobres, los ciegos y los cojos" (Lc. 14:21). Y por eso también las comidas de Jesús son signos liberadores capaces de acoger a los que siempre se les ha impedido comer juntos. Por eso el antirreino reacciona y sus defensores se escandalizan de que Jesús subvierte el orden sagrado establecido. Contra su hipocresía, Jesús responde irónicamente: "Los sanos no tienen

---

[71] AGUIRRE R. Op. Cit. Pág. 30
[72] LUNEAU R. Op. Cit. pág. 72

necesidad de médico, sino los enfermos" (Mr. 2:17). Que los pobres estén a la mesa es el gran gozo de Dios y eso es lo que hay que celebrar sobre la tierra[73]. Ese es el mensaje transformador que Jesús viene a traer, resumido en su sentida oración:

"En aquella misma hora Jesús se regocijó en el Espíritu, y dijo: Yo te alabo, oh Padre, Señor del cielo y de la tierra, porque escondiste estas cosas de los sabios y entendidos, y las has revelado a los niños. Si, Padre, porque así te agradó" (Lc. 10:21).

5.6 EL REINO DE DIOS Y LOS POBRES.

El mensaje de Jesús acerca del reino de Dios aparece ligado y legitimado en una parte importante de las Escrituras en la que él fue formado: Los libros proféticos. En ellos se revela una *mirada crítica*, sobre todo hacia la injusticia social que genera *desechos sobrantes: los pobres*. Por muy simplificadora que pudiera parecer la tipificación global: ricos/pobres, el discurso teológico ilumina y denuncia esta dialéctica sostenida en una fuerte religiosidad, pero en una inexistente piedad. El corazón del mensaje profético consistía en situar al pueblo de Dios ante una *auditoria moral*, capaz de poner de manifiesto una comunidad corrompida desde el corazón, legitimadora de estructuras injustas, capaz de perpetuarse en el endurecimiento de la conciencia, pero protegida religiosamente por ritos ortopédicos, falsas ideas de elección y un concepto desfigurado del verdadero Dios. Por eso, la defensa profética de los pobres reclama ojos dolidos para ver, una mirada crítica para discernir y un corazón convertido para responder.

---

[73] SOBRINO J. Op. Cit. Pág. 140

Existe en los profetas una *mirada crítica sobre la administración de justicia*. Su aplicación sistemática a favor de los poderosos daba a la extensión de la pobreza una cobertura legal, incluso cuando era contraria a las exigencias de la justicia. Desenmascarar la legalidad de la injusticia debía ser fruto de una visión crítica del ordenamiento jurídico. Contra los que pretendían pretextar que no hacían nada malo porque estaban "cumpliendo la ley", dice Isaías: "¡Ay de los que dictan leyes injustas y prescriben tiranía, para apartar del juicio a los pobres, y para quitar el derecho a los afligidos de mi pueblo; para despojar a las viudas y robar a los huérfanos!. ¿Y qué haréis en el día del castigo? ¿A quién os acogeréis para que os ayude, cuando venga de lejos el asolamiento?. ¿En dónde dejaréis vuestra gloria?" (Is. 10:1-3).

No menos crítica es *la mirada profética al comercio desigual*. En el fondo, este tipo de comercio escondía el ansia de enriquecerse a costa de los pobres y sus necesidades básicas. Hay una denuncia del imperio económico, representado por Tiro, en Ez. 27. Un imperialismo que el profeta vaticina destinado al naufragio. "Tus riquezas, tus mercaderías, tu tráfico, tus remeros, tus pilotos, tus calafateadores y los agentes de tus negocios, y todos tus hombres de guerra que hay en ti, con toda la compañía que en medio de ti se halla, caerán en medio de los mares el día de tu caída... tu comercio y toda tu compañía caerán en medio de ti" (Ez. 27:27, 34).

Mirada crítica de los profetas a la acumulación de tierras y casas en manos de unos pocos. Una codicia que se convierte en latifundios en una economía básicamente rural, despojando a los pequeños campesinos y reduciéndolos a la pobreza. Según Miqueas, se trata de una verdadera trama que pueden llevar adelante los que tienen poder. "¡Ay de los que en sus camas piensan iniquidad y maquinan el mal, y cuando llega la mañana lo ejecutan porque tienen en su mano el poder!" (Miq. 2:1).

Mirada crítica sobre quienes se aprovechan del trabajo de los demás sin pagarles su salario. Aunque el que no pague sea el mismo rey. Jeremías se dirige al rey Joaquín con estas palabras: "¡Ay del que edifica su casa sin justicia, y sus salas sin equidad, sirviéndose de su prójimo de balde y no dándole el salario de su trabajo!" (Jer. 22:13).

Mirada crítica sobre el lujo y la riqueza. Es una mirada crítica teñida de ironía y reproche. La apariencia engaña, el orgullo esconde vileza, la "buena vida" ausenta de las grandes causas del pueblo[74]. "Duermen en camas de marfil, y reposan sobre sus lechos; y comen los corderos del rebaño... beben vino en tazones, y se ungen con los ungüentos más preciosos; y no se afligen por el quebrantamiento de José". (Am. 6:4-6).

Si ahora abrimos los evangelios y contemplamos la vida y obra de Jesús de Nazaret en lo tocante al reino de Dios y los pobres, descubrimos que se enraíza en la larga tradición de su pueblo. Por tanto, en una línea de continuidad profética con el Antiguo Testamento. Él comprende y compromete su misión dirigida desde el principio a los pobres:

"El Espíritu del Señor está sobre mí, por cuanto me ha ungido para dar buenas nuevas a los pobres; me ha enviado a sanar a los quebrantados de corazón; a pregonar libertad a los cautivos, y vista a los ciegos; a poner en libertad a los oprimidos; a predicar el año agradable del Señor" (Lc. 4:18-19. Cf. Is. 61:1-2).

Para hacernos una imagen clara de las personas a quienes Jesús trajo la buena nueva, hemos de partir del hecho de que, cuando contemplamos las diversas designaciones de los seguidores de Jesús, tal como se nos ofrecen en los evangelios, conocemos

---

[74] JARAMILLO P./PÉREZ M. "Los pobres en la Biblia". Reseña Bíblica. 2001. Págs. 18-21

a esas personas desde distintos aspectos[75]. Por una parte, pobres son los que gimen bajo algún tipo de necesidad básica en la línea de Isaías 61:1 ss. Así, pobres son los hambrientos y sedientos, los desnudos, los forasteros, los enfermos, los encarcelados, los que lloran. (Lc. 6:20-21; Mt. 25:35 ss).

El término utilizado por los evangelistas para hablar de pobres es *"ptojos"*, que designa a las personas sometidas a una situación de miseria y de total dependencia social, a personas que no tienen nada: ni posesiones, ni casa, ni trabajo, a personas que viven en estado menesteroso y tienen que recurrir a la solidaridad de otros para no morirse de hambre. Pobres, entonces, son las personas privadas de dignidad y del ejercicio de sus derechos; los que viven en un estado de miseria por razones económicas, carencia de recursos materiales para sobrevivir, por razones sociales, por el ejercicio de profesiones degradantes, por razones religiosas, y por vivir al margen de la ley. Estas personas eran condenadas por el poder, por la sociedad, por la religión y, por ello, creían que eran condenadas también por Dios[76].

Pues bien, cuando Jesús proclama programáticamente el reino de Dios añade que es una "buena noticia" ("evangelio") para los pobres: "Bienaventurados vosotros los pobres, porque vuestro es el reino de Dios" (Lc. 6:20). Dios, desde luego, no hace exclusiones, el reino es una propuesta dirigida a todos sin distinción. Sin embargo, Jesús pone de manifiesto que el Padre se conmueve, ante todo y sobre todo, por los pobres, por los hambrientos, por los que lloran, por los que sufren, de modo que la afirmación histórica de su presencia expresada en su reinado es consuelo, esperanza y liberación para todos ellos. Sus

---

[75] JEREMÍAS J. Op. Cit.. Pág. 134

[76] TAMAYO ACOSTA J.J. "Por eso lo mataron". Trotta.2004. Págs. 122-123

sufrimientos, las injusticias que soportan, se oponen al reino de un Dios de vida y son expresión histórica del pecado.

En un doble sentido, el reino de Dios es una buena noticia para los pobres. Por un lado, la soberanía de Dios se afirma históricamente como realización de fraternidad y como liberación de los que sufren. La manifestación de la plenitud de su reino implicará enjugar las lágrimas de todos los rostros, la victoria de las víctimas y la derrota de la muerte (Ap. 21:4). Por otra parte, los pobres y los que sufren son quienes mejor pueden captar el reinado de Dios como una buena noticia. Su misma situación objetiva les puede hacer más sensibles para descubrir la esperanza de liberación que anuncia Jesús en el nombre de Dios, su Padre. En la tradición bíblica en la que se inscribe Jesús, el reino de Dios es la esperanza del pueblo en momentos de crisis, opresión y persecución. Pero, puede muy bien suceder que a otros su misma situación objetiva les invite a ver el reino de Dios como una amenaza para sus intereses inmediatos, es decir, una molestia y una "mala noticia". Desde luego, el reino de Dios que anuncia Jesús posee un alcance universal, pero resuena y se comprende de formas distintas en las diversas situaciones de la vida y, a veces, se desecha al contemplarlo como una verdadera amenaza. Porque cuando se encuentra uno perfecta y cómodamente instalado en este mundo, desde luego no está interesado en la alternativa del reino de Dios, sino en la prolongación indefinida del reino de este mundo, que es la antítesis de lo que viene a ofrecer la buena nueva de Jesús de Nazaret.

Cuando Jesús proclama el reino de Dios como buena noticia para los pobres no está pensando en premiar virtudes morales que, a priori, posean estas personas. No se trata de que los pobres, los que lloran y los que sufren sean especialmente buenos y piadosos. La tradición bíblica y, desde luego Jesús, no idealizan románticamente la pobreza. Al contrario, la pobreza en su sentido más profundo es como realidad histórica un mal que se contrapone a la voluntad de Dios. Y él, desde el honor de su nombre y la realidad de su amor actúa liberando a los pobres y a los que sufren. Quiere esto decir que el espíritu de la bienaventuranza no es primariamente una enseñanza moral sino teológica, no pretende hablarnos de las disposiciones subjetivas de la persona, sino de cómo es Dios y cómo actúa cuando interviene en la historia.

Dios se ha revelado en un lugar y en un momento determinado, con la contingencia de todas las realidades históricas. Pero la contingencia de la historia de Dios no es arbitrariedad, y es tarea de la fe descubrir aquello que se encierra en los paradójicos caminos del Dios de Jesús. Todas las situaciones humanas pueden ser lugar de experiencia con Dios, pero lo que aparece en el mensaje y en la vida de Jesús, crucificado por los hombres pero resucitado por Dios, es que la pobreza y el sufrimiento injusto ofenden especialmente a Dios y son situaciones privilegiadas para descubrir y sentir la acción histórica del Dios de Jesús y de su reino[77]. Por tanto, su aparición no es la legitimación religiosa de lo existente, sino al contrario, la denuncia y la afirmación de que Dios es capaz de abrir otras posibilidades en la realidad presente. La aparición de Jesús de Nazaret con su vida y mensaje se inserta, como ya dijimos, en la tradición profética que recurre al proyecto del reino de Dios para expresar la protesta contra los reinos que oprimen, consolar a los que sufren y prometer la intervención liberadora de Dios. Descubrir y situar la realidad en el horizonte del reino de Dios implica ver y valorar la realidad de forma muy distinta a

---

[77] GONZÁLEZ DE CARDEDAL/ GONZÁLEZ FAUS J.I./ RATZINGER J. Op. Cit. Pág. 76-77

la ideología hegemónica[78]. Esto es central en el evangelio y explica, en última instancia, el conflicto de Jesús con la autoridad y cuestiona el orden social, político y religioso vigente que le llevó a la muerte y muerte de cruz.

Si ahora recordamos que Dios es Jesús de Nazaret, podremos comprender algo que resulta paradójico y revolucionario: La trascendencia de Dios a partir de esa manera de ser hombre, no se puede entender sólo desde arriba sino, sobre todo, desde abajo. Porque el sufrimiento no se remedia desde la distancia, sino desde la identificación, la solidaridad y la cercanía[79]. Por eso, en la persona de Jesús Dios es percibido desde una *trascendencia descendente* porque la suya es una humanidad tan radical que llega allí donde ningún ser humano querría llegar. Cuando se identifica con todo lo que es el sufrimiento y el desamparo de los que peor lo pasan en esta vida, lo que en realidad está diciendo es que Dios nos trasciende, pero no sólo porque tiene más poder, más saber y más grandeza que todos nosotros sino porque, en Jesús de Nazaret, Dios es tan profundamente humano que en él queda superada y desterrada cualquier forma o manifestación de inhumanidad[80].

5.7 EL REINO DE DIOS Y EL PODER.

Uno de los conflictos más serios y decisivos con los que Jesús tuvo que enfrentarse fue sin duda el conflicto con el poder. Pero llevado hasta su raíz última. Y la raíz última de todo poder es el principio definitivo e intocable sobre el que

[78] AGUIRRE R. Op. Cit. Pág. 27

[79] CASTILLO J.M. Op. Cit. Pág. 117

[80] CASTILLO J.M. "El disfraz de carnaval". DDB. 2006. Págs. 36, 63-64

se sustenta. Cuando se trata de una cultura religiosa, ese principio definitivo es el absoluto, o sea, Dios. De ahí que, según es el Dios en el que se cree, así es el poder que ejercitan los que socialmente aparecen como representantes de Dios. Por eso, Jesús comprendió que, para cambiar los comportamientos del poder, lo primero que había que hacer era desmontar el "ídolo" que legitimaba el despotismo autoritario de las autoridades que oprimían al pueblo[81].

Cuando se cree en un Dios al que interesa, sobre todo, la religión y el bien de la religión, los representantes de ese Dios centran sus proyectos y sus preocupaciones en todo lo que representa y lleva consigo la religión: verdades en las que hay que creer, normas que hay que cumplir, ceremoniales que se tienen que observar con toda exactitud. Pero no sólo eso. Porque la religión es dignidad, poder, influencia social, guardando siempre las distancias que impone la separación entre "lo sagrado" y "lo profano". Probablemente, todos aquellos que viven así creen sin ningún género de dudas que sus deseos determinan lo que Dios debe ser y su obrar lo que Dios debe hacer. Se trata de una constatación importante, porque es un hecho que a partir de una cierta teología, es decir, de un modo concreto de ver la realidad de Dios, se desarrolla una antropología concreta, y viceversa[82]. Pues bien, a Jesús le va a costar la vida insistir hasta el final en revelar a Dios como diferente, y por hacerlo con una praxis radicalmente alternativa a la del poder religioso, haciéndose cercano y liberador del ser humano y, al mismo tiempo, desenmascarando a ese Dios desfigurado como una instancia de dominación ajena al Dios verdadero y a su reino[83].

---

[81] CASTILLO J.M. "Dios y nuestra felicidad". DDB. 2004. Pág. 56

[82] GONZÁLEZ FAUS J. I. y otros "Idolatrías de Occidente". Cristianisme y Justicia. 2004. Págs. 21, 28

Pero, claro, la cuestión del poder religioso y sus privilegios, que dispensa en exclusiva una determinada percepción de Dios, es el ámbito en el que también los discípulos han sido educados desde siempre. Partiendo de las categorías instaladas en sus estructuras mentales, formar parte de la comunidad del reino, desde su personal universo de sentido, significa encarnar un correlato de todo aquello que ha sido parte de su experiencia religiosa. Mucho más, si aquel a quien se sigue es nada menos que Jesús, el Mesías, el Maestro, que ha mostrado un poder sobre todo otro poder para sanar enfermos, expulsar demonios y resucitar a muertos. Por eso, para ellos resulta normal y hasta necesario polemizar tantas veces como sea preciso sobre quién ha de ser el mayor y el primero. Así funcionan las cosas en el complejo mundo de la religión. Pero es ahí, precisamente, donde las propuestas de Jesús apuntan hacia una deconstrucción radical de todos los estereotipos de poder conocidos, proponiendo un modelo de comunidad alternativo que ha de visivibilizarse como expresión de la cercanía del reino de Dios: La igualdad fraterna.

Jesús de Nazaret convirtió la totalidad de su existencia en servicio a Dios y a los hombres. El jamás apeló a su posición, ni a su formación, ni a su condición para reclamar seguimiento. La contundencia de su ejemplo radicó en la propuesta de una *vida disponible* que no actuó nunca desde el poder impositivo, sino desde le ejemplaridad convincente. Y, desde ese marco ético incontestable, enseñó a los suyos no cómo convertirse en prestigiosos líderes, sino cómo pasar de ser un grupo atomizado por aspiraciones no confesadas, a una comunidad fraterna en la que no hubiera rastro de *primeros*.

Con frecuencia se ha pretendido interpretar la misión de Jesús con los doce como la formación de "una escuela de líderes". Ese

[83] VARONE F. Op. Cit. Pág. 83

es un anacrónico error de perspectiva. No se trataba de aprender a dirigir, ni a mandar, ni a buscar el protagonismo. La intención original de Jesús con los suyos fue formar una comunidad en la que pudieran ser experimentados y visibilizados los principios del reino de Dios, a través de un doloroso y comprometido proceso de aprendizaje. Mientras los discípulos manejaban la posibilidad de ostentar el primado sobre los otros, su percepción del reino aparecía mediatizada por relaciones jerarquizadas. Sólo cuando fueron capaces de comprender y encarnar la *comunidad de la comunión fraterna* desde el modelo original del Maestro, comenzaron a estar preparados para servir con responsabilidad. Pero no antes. Los siguientes textos lo ilustran con claridad:

Mr. 8:27-35. Estas palabras nos remiten a la primera de las tres ocasiones en este evangelio en las que Jesús predice el sufrimiento, la cruz, la muerte y la resurrección. Pero, claro, desde la perspectiva de los discípulos (en el evangelio de Marcos son "La Iglesia en el camino"), la aparición de este discurso es impropia, incomprensible y, por tanto, impresentable, porque rompe con todas las expectativas que había despertado la aparición del Mesías. ¿Qué papel juega el sufrimiento, la cruz y la muerte en el itinerario de Jesús?. ¿No parece un contrasentido?. Si él ha venido para establecer el reino de Dios y su justicia con poder. Si, además, ha puesto en evidencia una religiosidad vacía y se ha convertido en transparencia del verdadero Dios. Si ha manifestado una autoridad sin igual para remediar el sufrimiento, la enfermedad e incluso la muerte, ¿Por qué lo estropea todo ahora?, ¡Qué insensatez!.

Y, así, Pedro (portavoz de la comunidad del reino) "comenzó a reconvenirle" reclamando un poco de "cordura mesiánica". La expresión original que emplea el apóstol es muy fuerte: "recrimina", "reprende", "amonesta". La comunidad, actuando desde la lógica humana, no quiere oír hablar de entrega, ni de sufrimiento, ni de muerte. Su propuesta es alternativa: Disponer de un triunfalista Mesías modelo "Robocop", sin afecciones físicas, sin fisuras psicológicas, que lo pueda todo, que lo cure todo, que responda ante todas las peticiones y expectativas que se le plantean. Pero, nada de sufrimiento, nada de cruz, nada de muerte. ¡Toda una lección magistral de mesianismo para el propio Jesús!. Sin embargo, al protagonista de la confesión mesiánica más contundente que conoce el Nuevo Testamento, el apóstol Pedro, habría que preguntarle: ¿Qué deseos, aspiraciones y estructuras mentales laten tras estas palabras?. ¿Qué tiene metido en la cabeza?. ¿Pretende imponerle a Jesús la clase de Mesías que ha de ser?. ¿En qué modelo de comunidad sueña a partir de esos planteamientos?.

La respuesta de Jesús arroja luz a estas preguntas: "¡Quítate de delante de mí Satanás!. Porque no pones la mira en las cosas de Dios, sino en las de los hombres" (vs. 33). Poner la mira en las cosas de los hombres, cuando lo que está en juego es nada menos que el carácter mesiánico de Jesús y el modelo de comunidad que viene a instaurar, significa aliarse con los poderes de este mundo y actuar como el gran enemigo del proyecto de Dios: Satanás. Pero, Satanás es mucho más que simplemente el opositor. Es aquel que renuncia a la verdad y habla la mentira. Por consiguiente, la amenaza más peligrosa para la comunidad es precisamente el rechazo frontal del Crucificado, falsificando su verdadera identidad y suplantándola por otra más acorde con la lógica humana. Y es a partir de ahí, precisamente, cuando la artillería dialéctica de Jesús interpela hasta el límite del escándalo:

"… Si alguno quiere venir en pos de mí, niéguese a sí mismo, y tome su cruz y sígame. Porque todo el que quiera salvar su vida la perderá; y todo el que pierda su vida por causa de mí y del evangelio, la salvará" (vv. 34-35).

La réplica de Jesús no consiste sólo en rectificar radicalmente la propuesta mesiánica de Pedro sino, además, proponer el discipulado como un seguimiento abocado al mismo
destino que el suyo: La cruz. Ahora bien, si la cruz es signo
inequívoco de escándalo, sufrimiento y muerte, ¿Se puede
iniciar un camino alternativo, duradero y seguro desde ahí?.
La respuesta es sí. Pero a partir de un itinerario nuevo. A
saber, aprendiendo a vivir lo que significa morir a todos
los proyectos personales que fabrican Mesías "a la carta",
seguimientos triunfalistas, liderazgos jerárquicos y comunidades atomizadas. Cuando todos esos sueños inconfesables
del corazón humano han sido demolidos, reducidos a la
impotencia y clavados en la cruz, entonces es posible comenzar a construir la comunidad del reino. Porque, a partir
de aquí, lo que nace de esa experiencia de muerte es una
nueva percepción del discipulado impulsada por el poder
de la resurrección que irrumpe en la historia produciendo
vida, liberación y fraternidad auténticas.

Jn. 13:1-14. La escena del lavamiento de pies ha constituido en la historia de la exégesis un argumento recurrente
para hablar de la humildad y el servicio en términos más que
reduccionistas. Sin embargo, conviene situarse correctamente
ante el texto, porque para contar una cosa aparentemente tan
simple se invoca la solemnidad del momento, es "la hora" en la
que Jesús va a pasar de este mundo al Padre (vs. 1a). Al mismo
tiempo, se invoca el amor sin límites que Jesús ha tenido por
sus discípulos (vs. 1b). Se recuerda, además, que Jesús era consciente de que "El Padre lo había puesto todo en sus manos" (vs.
3a). Y hasta se pondera que sabía perfectamente "que venía del
Padre y que a Dios volvía" (vs. 3b).

Importa subrayar estos datos porque es muy difícil decir
más como introducción preparatoria a una escena, a no ser que

en ella se estuviese tratando algo de primerísimo magnitud para la vida de la Iglesia. Sin duda alguna, el evangelista nos cuenta así las cosas para dejar claro que allí ocurrió algo decisivo que no es fácil de entender. Porque, en realidad, lo que estaba en juego en ese momento no era la humildad. Para un simple acto de humildad no se invoca toda la pesada artillería teológica que el evangelio pone en movimiento en este episodio. Pero, entonces, ¿Qué es lo que se está planteando aquí?[84]. Más aún, si tenemos en cuenta el lenguaje emblemático de Juan que es muy cuidadoso con los gestos y palabras de Jesús.

"(Jesús) Se levantó de la cena y se quitó su manto" (vs. 4). El signo es claro: Se desvistió de poder.

"Tomando una toalla se la ciñó. Luego puso agua en un librillo y comenzó a lavar los pies de los discípulos, y a enjugarlos con la toalla con que estaba ceñido" (vv. 4-5). Asumió posición y tarea de siervo.

Sin embargo, en medio de este escenario sin precedentes se produce una interrupción violenta. Pedro se opone a que Jesús le lave los pies. La pregunta es ¿Lo hace porque no entiende nada?. ¿O lo hace porque comprende muy bien lo que allí está pasando?. La lógica humana es aplastante. Para el apóstol, el Maestro aparece asumiendo roles que no se corresponden con su posición. Porque de todos es sabido que autoridad y señorío se visibilizan en un código de actuación descrito en términos de: Arriba y poder. Eso es lo que tiene que ser.

Lo que sucede es que la comunidad del reino aparece diseñada conforme a unos valores y planteamientos que constituyen una auténtica subversión de todas las estructuras de autoridad conocidas hasta el momento. Los discípulos han de comprender la propuesta de Jesús, no desde el poder que

---

[84] CASTILLO J.M. Op. Cit. Pág. 191

se impone, sino desde la ejemplaridad que convence. Y esto, precisamente esto, es lo que a Pedro no le cabía en la cabeza. Por eso se resistía a que Jesús, el Maestro y Señor, se pusiera a sus pies como un esclavo. Porque eso representaba para Pedro y los demás apóstoles que ellos, los escogidos por Cristo para anunciar el evangelio tenían que ir por la vida no imponiéndose desde un presunto poder recibido por Dios para mandar, sino que su misión era ir por el mundo colocándose en el lugar del siervo, dando ese ejemplo que rompe los esquemas humanos que hemos inventado los hombres para imponernos, ser más importantes y ostentar poder sobre los demás[85]. Por eso, precisamente por eso, Jesús planteó su proyecto de comunidad no desde la obediencia al poder, sino desde el seguimiento de la ejemplaridad que crea comunidad fraterna.

5.8 EL REINO DE DIOS Y LA IGLESIA.

Introducción.

¿Qué relación existe entre el reino de Dios y la Iglesia cristiana?. Hay en la mentalidad bíblica una relación íntima y esencial entre el reino de Dios y el pueblo de Dios. El reino de Dios requiere un pueblo que lo acoja y lo visibilice. No se trata de un ideal abstracto. Jesús históricamente limitó su ministerio a Israel, y su pretensión fue que ese pueblo recibiese el reino de Dios, movilizase todas sus energías y mostrase con su vida el valor humanizante que tiene la aceptación de Dios tanto en lo personal como en lo social. De ese modo, Israel se convertiría en "Luz de las naciones".

---

[85] CASTILLO J.M. Op. Cit. Pág. 192

Sin embargo, el proyecto de Jesús no se cumplió de manera lineal. Después de su vida pública y un desenlace conflictivo y escandaloso que desembocó en la cruz, se puso de manifiesto la reivindicación de un estilo de vida, el de Jesús, que rompía abiertamente con las comprensiones judías y griegas de mesías y salvador, a la vez que abría un horizonte nuevo e insospechado sobre el significado de la fe cristiana y la esperanza en Dios. No es posible explicar con detalle las implicaciones teológicas y las consecuencias históricas de esta experiencia pascual, que es inseparable de la cruz de Jesús. Pero pronto se planteó un problema que se vivió con dramatismo y resultó históricamente muy complejo: la separación/ruptura de los discípulos de Jesús con la sinagoga y el surgimiento de la Iglesia cristiana como una realidad sociológica y teológicamente diferente de Israel[86].

5.8.1 La unidad del Nuevo Testamento en lo tocante al Reino.

La fe cristiana proclama la exaltación de Jesús a la diestra del Padre (Hch. 2:32; 5:31; 7:55). La expresión se inspira en el salmo 110, un salmo real de entronización aplicado al Mesías (Mt. 22:44-46). Otra imagen frecuente es la de Jesús sentado en el trono de David (Lc. 1:32; Hch. 2:30). No se trata de imágenes independientes: sentarse a la derecha de Dios es sentarse en el trono de Dios.

Por otro lado, Jesús es proclamado en el Nuevo Testamento como el Mesías de Israel. Esto es lo que significa la palabra "Cristo" en griego, al igual que "Mesías" en hebreo: "El Ungido". Y la unción es justamente el acto con que se designa al nuevo rey. El Cristo es el Mesías, el ungido como rey de

---

[86] AGUIRRE R. Op. Cit. Págs. 43-44

Israel. No tiene sentido contraponer el anuncio del reinado de Dios al anuncio del Mesías (Cristo), atribuyendo el segundo a algún tipo de "traición" paulina, como a veces se ha pensado. Anunciar la existencia del Mesías y afirmar de él que es Jesús de Nazaret, el crucificado resucitado, es anunciar la realidad actual de su reinado como una auténtica alternativa social al imperio que quiso acabar con él.

Del mismo modo, el título "Señor", no sólo traduce el nombre de Dios, sino que también designa al emperador romano y a otros señores de este mundo (1ª Co. 8:5-6). El que Jesús haya recibido este título en el Nuevo Testamento no sólo es un indicio de confesión de su divinidad, sino también una señal de afirmación de su soberanía real. Proclamar a Jesús como Señor no es una afirmación puramente espiritual. Si Jesús es el Señor, quiere decir que existe un pueblo en la historia que reconoce y acepta ese señorío; un pueblo sobre el que Dios reina. De nuevo, no se puede presentar aquí una confesión de fe en el Señor Jesús como algo opuesto a la proclamación del reinado de Dios.

Siglos de espiritualidad unilateral del mensaje cristiano han hecho olvidar estas dimensiones elementales de los títulos mesiánicos. Al final de ese proceso, cuando la teología ha querido recuperar el tema del reinado de Dios, únicamente ha sido capaz de integrar el anuncio de ese reinado por Jesús en los evangelios, mientras que ha seguido leyendo el resto del Nuevo Testamento con los prejuicios espiritualistas que ha heredado de la tradición. De este modo, se ha perdido de vista la conexión esencial entre los títulos cristológicos y la continuidad de las comunidades en la proclamación del reinado de Dios.

Todo esto nos ilustra sobre un hecho fundamental: el reinado de Dios sigue siendo anunciado después de la Pascua, pero ahora concebido como un reinado que es y seguirá siendo ejercido por Jesucristo hasta el final de los tiempos, "cuando Cristo entregue el reino de Dios al Padre y haya suprimido todo dominio, toda autoridad y potencia" (1ª Co. 15:24). Porque el Jesús resucitado ejerce el reinado de Dios en la historia. De este modo, todas las afirmaciones sobre la exaltación de Jesús, sobre su estar sentado a la diestra del Padre, sobre su carácter de "Ungido" (Cristo) y sobre su señorío, son afirmaciones sobre el reinado de Dios. El relato de los Hechos de los Apóstoles puede culminar diciéndonos que Pablo, en Roma, "predicaba el reinado de Dios abiertamente y sin impedimento" (Hch. 28:31).

No se puede afirmar simplemente que Cristo anunció el reinado de Dios y que después vino otra cosa. Lo que vino después de la Pascua es el reinado de Dios mismo, ejercido a través del Jesús resucitado. No hay contradicción entre el anuncio del reinado de Dios y el anuncio de Cristo. Y no se trata de un reinado abstracto sobre el conjunto de la historia. El hecho de que Dios reine requiere, como en el Antiguo Testamento, que exista un pueblo sobre el que Dios reina. Y este pueblo es el formado por las comunidades cristianas, el Israel renovado por Dios.

Frente a la espiritualización del mensaje cristiano, heredada de la teología liberal, es esencial recuperar el significado social e histórico de los títulos cristológicos y, por tanto, su conexión esencial con el anuncio del reinado de Dios por Jesús. Cuando la carta a los Colosenses señala que Dios Padre "nos ha liberado de la autoridad de las tinieblas y nos ha trasladado al reino de su amado Hijo" (Col. 1:13) no está anunciando un proceso puramente espiritual e interior. Los nuevos creyentes de Colosas, provenientes del paganismo, habían experimentado realmente la entrada en un nuevo entramado de relaciones sociales, en la fraternidad de una comunidad cristiana que no reconocía otro Señor que no fuera el Mesías resucitado y dado a la Iglesia como Cabeza (Col. 1:18). No existe contradicción entre un enfoque ontológico y un enfoque funcional de la cristología. La contradicción sólo se produce cuando se reducen los títulos cristológicos a interpretaciones arbitrarias, prescindiendo de su conexión esencial con el reinado de Dios. Y esto se hace porque se ha convertido previamente el reinado de Dios en una mera utopía, olvidando su carácter dinámico, su vinculación esencial con un pueblo situado en la historia y el hecho de que Dios mismo es quien lo ejerce. En realidad, sólo si Dios ejerce ese reinado es posible distinguirlo de otros reinados ejercidos por quienes tratan de ponerse "mesiánicamente" en su lugar, destruyendo la esencial igualdad que caracteriza las relaciones humanas allí donde Dios reina.

El reinado de Dios no es algo distinto de la exaltación de Jesús a la diestra de Dios, o de su recepción de los títulos de "Mesías" (Cristo), "Señor" o "Hijo de Dios". El ejercicio del reinado de Dios por parte del resucitado es más bien la concreción actual del reinado de Dios. Dios reina sobre su pueblo, y lo hace como Mesías muerto y resucitado. Todo esto tiene, obviamente, implicaciones históricas muy concretas. Los Hechos de los Apóstoles resumen la predicación de Pablo y Silas a los judíos de Tesalónica con las siguientes palabras: "… por tres sábados discutió con ellos, declarando y exponiendo por medio de las Escrituras que era necesario que el Mesías padeciera y resucitara de entre los muertos, y que Jesús, el que yo os anuncio, es el Mesías" (Hch. 17:2-3). La reacción de un sector de los judíos no se hace esperar: arremeten contra los seguidores de Pablo y los acusan ante las autoridades locales:

"Estos que agitan el mundo entero también han venido aquí, y Jasón los ha recibido, y todos ellos contravienen los decretos del César diciendo que hay otro rey, Jesús" (Hch. 17:6-7).

Estas afirmaciones dejan muy claro que el anuncio del reinado de Dios no terminó con Jesús. Al contrario: el anuncio de Jesús como Mesías muerto y resucitado, incluye la afirmación de que Jesús mismo es ahora el rey. Y esto supone un desafío muy concreto para los reyes de este mundo. Una nueva soberanía se ha iniciado en la historia: la soberanía del Mesías sobre su pueblo como realización del reinado definitivo de Dios en los últimos tiempos de la historia[87].

5.8.2 El "éxodo" continúa en la Iglesia.

En el Nuevo Testamento hay un fenómeno singular y, a primera vista, sorprendente: el concepto del reino de Dios se encuentra con extraordinaria frecuencia en los evangelios sinópticos, pero en el resto del Nuevo Testamento, incluido el evangelio de Juan, es relativamente raro. Esto significa que para Jesús el concepto del reino de Dios estaba en el centro de su anuncio, pero para la teología cristiana primitiva el concepto parece pasar de inmediato a un segundo plano. ¿Acaso la iglesia primitiva renunció así a algo esencial?. La respuesta es no. La resurrección de Cristo y la venida del Espíritu Santo constituyen el correlato de lo que Jesús anunció en su mensaje del reino de Dios:

2º Co. 5:17; 1ª Co. 12:13 – "De modo que, si alguno está en Cristo, nueva criatura es; las cosas viejas pasaron; he aquí todas son hechas nuevas... Porque por un solo Espíritu fuimos todos bautizados en un cuerpo y a todos se nos dio a beber de un mismo Espíritu".

---

[87] GONZÁLEZ A. "Reinado de Dios e Imperio". Sal Terrae. 2003. Págs. 198-199

Así como el reino de Dios no gravita sin forma ni figura sobre las nubes, sino que se hace presente con la figura de Jesús de Nazaret creando un Israel renovado, así también ocurre a partir de la resurrección y la venida del Espíritu. El apóstol Pablo lo formula en conexión teológica con su confesión de fe:

1ª Co. 15:3-5; Rom. 6:3-4 – "Porque primeramente os he enseñado lo que asimismo recibí: Que Cristo murió por nuestros pecados, conforme a las Escrituras; y que fue sepultado, y que resucitó al tercer día, conforme a las Escrituras; y que apareció a Cefas y después a los doce... ¿O no sabéis que todos los que hemos sido bautizados en Cristo Jesús, hemos sido bautizados en su muerte?. Porque somos sepultados juntamente con él para muerte por el bautismo, a fin de que como Cristo resucitó de los muertos por la gloria del Padre, así también nosotros andemos en vida nueva".

El texto pone de manifiesto que la vida desde el bautismo no es un despegue moral, ni tampoco un acto de heroísmo, sino la experiencia de algo nuevo que se sitúa más allá de todas las posibilidades humanas. Implica la integración de la vida en el pueblo de Dios y su pertenencia a él desde unas inequívocas señas de identidad. No se refiere sólo al individuo y a su salvación personal entendida como algo privado, sino a la conversión del pueblo de Dios. Esa conversión acontece en la historia real porque se inserta en la figura histórica de Jesús de Nazaret, el Mesías, su evangelio, su praxis del reino de Dios, su muerte y su resurrección.

Por eso, estas no son cosas que uno puede seguir o no seguir. Se trata de algo normativo. Pablo habla de la realidad del pecado en el contexto de estas argumentaciones y se refiere a él como un poder extendido por el mundo que domina al ser humano, lo esclaviza y lo somete sin libertad alguna. Porque el pecado se clava en la convivencia humana, pudre un pedazo del mundo, crea un contexto de mal. Por eso, nadie puede huir de su propia condición. Ninguna persona puede hacerse totalmente otra. Cada cual tiene sus caracteres hereditarios, sus genes, si historia, sus modelos de comportamiento adquiridos. No obstante, es posible que se dé un cambio de camino. Es posible dejar de servir a los ídolos de este mundo y situarse bajo el campo magnético del reino de Dios y su proyecto histórico. De hecho, la reflexión del apóstol no habla solamente de apartarse del pecado, ni de morir y ser sepultado, sino de la resurrección a una nueva vida. Habla de estas cosas de un modo muy prudente, sin falsos entusiasmos, de manera que se respete la tensión entre el "ya" y el "todavía no". Afirma con claridad que la creación aún gime con dolores de parto (Rom. 8:22) y que el pecado continúa estando presente. Pero, a la vez, subraya la experiencia cristiana como un volver de la muerte a la vida en Cristo.

Estos textos corren el peligro de ser leídos como reflejos de una pura interioridad o como experiencias subjetivas del individuo. Por eso, importa que se tome en serio su referencia al pueblo de Dios. "Morir y resucitar", quiere expresar en la teología neotestamentaria muy concretamente el paso de la antigua sociedad a la nueva forma de vida. Eso queda muy claro en el pensamiento del apóstol Pablo:

"Pues todos sois hijos de Dios por la fe en Jesús; porque todos los que habéis sido bautizados en Cristo, de Cristo estáis revestidos. Ya no hay judío ni griego; no hay esclavo ni libre; no hay varón ni mujer; porque todos sois uno en Cristo Jesús. Y si vosotros sois de Cristo, ciertamente linaje de Abraham sois, y herederos según la promesa" (Gál. 3:236-29).

Por la fe se pertenece a Cristo, se está unido a él estrechamente. No obstante, la fórmula frecuente en Pablo "En Cristo" no se refiere solamente a la unión interior entre Cristo y el individuo. Se refiere a la pertenencia a un cuerpo social, es decir, al cuerpo de Cristo, la Iglesia. El apóstol describe expresamente en el texto la novedad social y revolucionaria de este cuerpo: en él están superados los abismos de separación entre pueblos, clases y sexos. En esta nueva familia, donde todos han sido hechos de igual modo hijos e hijas de Dios, se cumple la promesa hecha a Abraham y surge algo nuevo dentro del mundo viejo, que se diferencia fundamentalmente del estilo de vida del paganismo.

Israel había salido de Egipto, la tierra de la servidumbre y la esclavitud, y al pie del Sinaí había recibido un nuevo orden social en la Torá, que hizo posible la libertad, la igualdad, la vida nueva y la esperanza. La Iglesia, partiendo del símbolo de la vida compartida en la fracción del pan, y del bautismo, símbolo espiritual de un cambio de vida, practica la "teología del recuerdo" rememorando su éxodo del campo de influencia del pecado y la muerte y su liberación para la nueva vida en Cristo[88].

5.9 EL REINO DE DIOS Y LAS PARÁBOLAS.

El reino de Dios, tal como lo presentan los evangelios, es algo tan profundo y desconcertante que mucha gente lee los textos evangélicos que hablan de este asunto, y no se da cuenta de lo que estos textos proponen, y menos aún de su profundo énfasis interpelador. Con razón el evangelio de Marcos habla del "misterio del reino de Dios" (Mr. 4:11), lo que indica que el reino es algo oculto que se hace accesible sólo a los que sintonizan con él, mientras que para los demás resulta enigmático.

---

[88] LOHFING G. Op. Cit. Págs. 273-275, 277-278

En el fondo, el reino de Dios es algo que no entra en los cálculos y en los esquemas de muchos. Y, curiosamente, de muchos que van por la vida como personas cristianas entendidas en los asuntos de Dios.

Las parábolas son el género literario que Jesús escogió para manifestar el sentido más profundo de la expresión "reino de Dios". Por tanto, para comprender el mensaje del reino es imprescindible discernir el mensaje de las parábolas. Y esto, no sólo porque las parábolas añadan "algo más" como complemento a la enseñanza general de Jesús, sino ante todo porque en las parábolas es donde se encuentra el significado más profundo y más sorprendente sobre lo que representa el reino de Dios para las personas.

5.9.1 La doble finalidad de las parábolas.

Al estudiar las parábolas conviene preguntarse si Jesús pretendió con ellas "revelar" lo que significa el reino de Dios o, por el contrario, "ocultarlo". En el evangelio de Marcos, los discípulos preguntan a Jesús por qué habla en parábolas y la respuesta parece un tanto enigmática: "A vosotros os es dado saber el misterio del reino de Dios; mas a los que están fuera, por parábolas todas las cosas" (Mr. 4:11). Esta respuesta tan contundente pone de manifiesto que, en el fondo, hay dos cosas bastantes claras que se han de tener presentes a la hora de interpretar los relatos de las parábolas: 1) Que las parábolas tienen, al mismo tiempo, un sentido revelador y un sentido encubridor. O sea, aclaran para algunos lo que significa el reino, y lo ocultan para otros. 2) Que las parábolas se pronunciaron en contextos polémicos, incluso de enfrentamiento de Jesús con los dirigentes judíos.

5.9.2 La clave para entender las parábolas.

La mayor parte de las parábolas cuentan una historia que se refiere a la vida diaria. Una historia de lo cotidiano. Pero cuentan esa historia de tal manera que, en el relato mismo, se produce un corte con lo normal y cotidiano. Más aún, ese corte se presenta de tal manera que se da un elemento de sorpresa o de estupor. El que escucha una parábola sigue la marcha de una historia que evoca las circunstancias habituales de la vida, y cree encontrarse ante una historia de lo ordinario. Pero, al mismo tiempo, se propone en el relato un desarrollo que parece tan inverosímil que termina siendo una historia de lo extraordinario. Pues bien, precisamente en ese corte problemático entre la historia de lo cotidiano y lo extraordinario, de lo real y lo posible, se encuentra la clave para entender lo que la parábola nos quiere decir.

Se ha dicho con razón que "las parábolas de Jesús no expresan la historia trillada de lo real, sino la historia virgen de lo posible". Por eso, las parábolas no apuntan hacia lo real, sino hacia lo utópico. Porque el reino de Dios es utopía, Y, en ese sentido y por eso mismo, el reino de Dios es contraste incesante con la realidad cotidiana que nos rodea y a la que nos hemos habituado hasta ver semejante realidad como "lo que tiene que ser". Y, entonces, el reino de Dios es el gran relato, la gran metáfora que apunta "no a lo que es", ni a lo que nosotros imaginamos como "lo que tiene que ser", sino a "lo que tendría que ser la vida" desde la historización del reino de Dios.

Ahora bien, todo esto significa que, en el fondo, las parábolas se entienden no sólo cuando *se interpretan*, por muy acertadamente que esto se haga, sino cuando *se viven*. Porque, como se ha dicho muy bien, el mundo narrado en la parábola es un fenómeno que se descubre en el proceso de recepción de lo narrado. En palabras de E. Jüngel: "Sólo acontece algo *en* las parábolas cuando acontece algo *mediante* la parábola". Aunque eso suponga y hasta exija el "corte" con lo habitual y lo cotidiano. Aunque eso aparezca ante la gente como "extravagancia" o "impertinencia". Y es verdad. Jesús de Nazaret tuvo que resultar muy extravagante e impertinente para muchos de sus oyentes. Porque, antes que sus relatos, él mismo fue la gran parábola que vieron y vivieron atónitos los que estuvieron con él.

5.9.3 El mensaje central de las parábolas.

Cuando leemos las parábolas de Jesús con atención, percibimos de inmediato que resultan bastante familiares porque suelen presentar un contraste entre dos grupos de personas: Por un lado, aquellos que eran considerados respetables, religiosos, de buena posición y bien valorados. Y, por otra parte, la gente maldita e insignificante, los religiosamente marginados, los de dudosa reputación, los nadies, los despreciables. Pues bien, al final de las parábolas estos últimos son los que salen mejor parados en el relato, mientras que la actitud y el comportamiento de los "buenos" es cuestionado y censurado.

En la parábola de los trabajadores de la viña (Mt. 20:1-16) los que más han sudado la camiseta aparecen como los conflictivos, mientras que los que han trabajado menos horas resultan gratificados. En la historia del banquete de boda (Mt. 22:1-14), los invitados oficiales se quedan sin fiesta y luego resulta que acuden a la boda del rey los vagabundos, los pordioseros y los indeseables. En la historia del fariseo y el publicano (Lc. 18:9-14) el hombre piadoso y modélico queda como un trapo y, sin embargo, el indeseable recaudador de impuestos sale del templo justificado ante Dios. En la parábola del hijo pródigo (Lc. 15:11-32) el hijo ejemplar "que nunca ha roto un plato" aparece como el malo, mientras que su hermano que ha vivido como un crápula recibe al regreso a casa una sonora fiesta. En la parábola del buen samaritano (Lc. 10:29-37), un indeseable, enemigo y hereje es propuesto como el modelo a imitar frente a un sacerdote y un levita, que son criticados por su comportamiento insolidario e inhumano.

Habría que estar ciego para no darse cuenta de que este conjunto de historias producen la impresión de que Jesús ponía la vida *al revés.*¿Por qué todo esto?. La respuesta parece clara: Las parábolas de Jesús presentan, a un mismo tiempo, la vida "tal como es", y la vida "tal como tendría que ser" desde la perspectiva del reino de Dios. Es decir, el que lee o escucha una parábola se entera realmente de lo que lee o escucha si, por una parte, se da cuenta de lo que pasa en la vida pero, al mismo tiempo, toma conciencia de que la vida podría ser de otra manera que seguramente desconcierta y descoloca.

5.9.4 La imagen de Dios en las parábolas.

La primera cosa que las parábolas distorsionan o invierten de una manera absolutamente radical es la imagen de Dios[89]. Se trata nada menos que del rostro de Dios, manipulado y encerrado en los estrechos límites de una tradición religiosa impresentable. La práctica del poder religioso revelaba un Dios cuya santidad practicaba un rechazo que aparecía perfectamente justificado en las diferencias sociales: cuanto más pequeño, don nadie y marginado se era, mayor era el rechazo y la distancia de Dios. Sin embargo, la enseñanza de Jesús en las parábolas quebranta abierta y públicamente este paisaje acreditando a un Dios diferente. Un Dios cuya santidad practica la acogida comenzando por los que están más lejos y desprovistos de méritos: "No he venido a llamar a justos, sino a pecadores al

---

[89] CASTILLO J.M. Op. Cit. Págs. 142, 145, 151, 155, 160-161

arrepentimiento" (Lc. 5:32)[90]. Por eso, si algo distorsionan las parábolas de Jesús, es, ante todo, la imagen convencional de Dios que existía en la sociedad de aquel tiempo:

El Dios que amenaza. Lo primero que echan por tierra las parábolas es la imagen del Dios que amenaza, el Dios que da miedo porque se pasa la vida pidiendo cuentas a todo el mundo de lo que hace. Eso es lo que se suele interpretar a propósito de la conocida parábola que se cita para demostrarlo (Mt. 25:14-30; Lc. 19:11-27). La pérdida que sufrió el que disponía de un talento se produjo porque "tuvo miedo". Y tuvo ese miedo porque la idea que tenía en su cabeza sobre el dueño de los talentos es que era "un hombre duro, que siega donde no sembró y recoge donde no esparció" (Mt. 25:24). Ese perfil de Dios, precisamente, es el que asusta, angustia, bloquea y paraliza. La idea de un Dios que se pasa la vida "espiando" y "controlando" cada movimiento como si fuera el amenazante "ojo que todo lo ve", resulta ser en el fondo la clave que bloquea todas las posibilidades del ser humano reduciéndolo a la inhibición total. Por el contrario, aquellos que reconocen al dador de los talentos como "Señor" y se relacionan con él de un modo natural como "siervos", es decir, como personas adultas sabiendo que se confía en ellas para lograr unos resultados, ponen a trabajar sus recursos con responsabilidad y, finalmente, entregan los resultados de su inversión.

El Dios que rechaza al perdido. Las parábolas también acaban con una imagen de Dios que rechaza al perdido. Incluido el que se ha perdido por su propia culpa. Si algo hay de provocativo en la parábola del hijo pródigo (Lc. 15) es precisamente que Dios no sólo no rechaza al perdido, sino que lo echa tanto de menos que da la impresión de que no puede

---

[90] VARONE F. Op. Cit. Pàg. 79

pasar sin él, hasta el punto de que cuando lo encuentra hace cosas que desconciertan e irritan a los estrictos observantes de la ley y la tradición.

El capítulo comienza con una descripción identificativa de las personas que se encuentran ante Jesús: "Se acercaban a Jesús todos los publicanos y pecadores para oírle, y los fariseos y los escribas murmuraban, diciendo: Este a los pecadores recibe y con ellos come" (Lc. 15:1). Pues bien, ante la censura por su comportamiento con los excluidos, Jesús responde con tres parábolas en cascada: La oveja perdida (Lc. 15:4-7), la moneda perdida (Lc. 15:8-10) y el hijo perdido (Lc. 15:11-32), que tienen entre sí numerosas coincidencias que son claves para entender lo que las parábolas quieren enseñar: 1) En las tres parábolas se trata de cómo Dios reacciona ante lo perdido. 2) En las tres parábolas, la reacción de Dios se describe de tal manera que da la impresión de que no puede pasar sin lo que se había perdido, porque el encuentro concluye con una exagerada alegría. 3) En las tres parábolas lo perdido no se deja de buscar hasta que es encontrado.

El Dios que paga a cada uno según sus méritos. Las parábolas cuestionan del mismo modo la imagen de un Dios que paga a cada uno conforme a los "méritos"[91]. En la parábola de Mateo 20:1-15 aparece con toda claridad. La clave para captar lo que Jesús enseña aquí es comprender que los trabajadores que protestaron por la decisión del propietario, no lo hicieron ni por envidia, ni siquiera por egoísmo, sino principalmente por mantener "el principio de correspondencia entre el rendimiento y la remuneración". Pero justamente en ese punto es donde se produce en esta historia el corte con lo establecido y admitido en nuestras relaciones sociales. Porque, si algo queda claro

---

[91] CASTILLO J.M. Op. Cit. Págs. 164-166

en la parábola, es que el propietario (Dios) no se relaciona con las personas según el criterio de "pagar a cada uno según sus méritos", sino de acuerdo con el principio de "relacionarse con todo ser humano a partir de la generosidad y la bondad. Porque así es como termina la parábola: "¿No me es lícito hacer lo que quiero con lo mío?. ¿O tienes tú envidia, porque yo soy bueno?" (Mt. 20:15).

Por eso, en esta extraña historia, el dueño empieza a pagar por los últimos que han llegado. Y, sobre todo, les paga exactamente lo mismo que a los que sudaron y dieron el callo desde el amanecer. Desde el punto de vista de la ética empresarial, eso sería una barbaridad y la más absoluta ruina en una economía de mercado como la nuestra. Lo que ocurre es que, afortunadamente, Dios no es "el divino empresario" que gestiona los asuntos del cielo sobre la base de la correspondencia entre las acciones y sus resultados[92], sino desde el principio desconcertante de la gracia incondicionada que no anda calculando lo que a cada uno le corresponde. Lo que pasa es que esto no nos entra en la cabeza, porque rompe los esquemas de la realidad cotidiana forjada basándose en valores radicalmente opuestos a los de Dios.

A partir de aquí, Jesús nos descubre no sólo cómo es Dios, sino también cómo somos y vivimos nosotros. Porque la pura verdad es que pensamos y vivimos de manera que nos resulta intolerable que el principio rector de la vida sea la generosidad de Dios, su gracia, y no los propios merecimientos. Por tanto, cuando ante esta parábola nos sorprendemos poniéndonos de parte de la protesta de los jornaleros de la primera hora, quizás sin advertirlo, nos descubrimos como seres incapacitados para comprender que las relaciones humanas

---

[92] CASTILLO J. M. "Dios y nuestra felicidad". DDB. 2001. Pág. 153

tendrían que funcionar de otra manera. Y, precisamente por eso, comprendemos que no comprendemos al Dios del reino que anunció Jesús de Nazaret[93].

5.9.5 La imagen del ser humano en las parábolas.

La falsa religiosidad como indiferencia e insensibilidad. Cuando se trata de enjuiciar el comportamiento ético de las personas, resulta más determinante la sensibilidad que las convicciones. Porque, por desgracia, es demasiado frecuente la disociación y el desacuerdo que existe entre las ideas y los hechos. En un mundo como éste existen personas que poseen convicciones pero luego resulta que, a la hora de la verdad, callan cuando tienen que hablar, o viceversa, y hacen lo que no tienen que hacer, o al revés. Cuando se funciona así, es porque en el fondo la razón última que mueve a la acción no es, evidentemente, la sensibilidad, ni el amor a los demás, ni la justicia. O sea, el que es sensible ante la dignidad, los derechos humanos o el dolor de otra persona, ése se comportará de manera correcta con quien tiene ante sí. Por el contrario, el que es insensible ante las situaciones humanas con las que se enfrenta en la vida, por muchas ideas morales que haya almacenado en su cabeza, será un indeseable, un indiferente ante el dolor ajeno y, en definitiva, un violento.

Sin duda alguna, quien mejor se dio cuenta de la gravedad violenta de la indiferencia fue Jesús de Nazaret. De ello dan testimonio las tres parábolas que siguen:

La parábola del rico y Lázaro (Lc. 16:19-31). En este primer relato aparece un ricachón que, propiamente hablando, no le hizo ningún daño al mendigo que estaba junto a su puerta (Lc.

---

[93] Ibid Pág. 169

16:20). Ni siquiera lo agredió, ni lo echó. Al contrario, toleró que se pasara la vida pegado a él. Lo que el evangelio pone en cuestión no es la violencia explícita del rico. Lo que el evangelio denuncia porque no puede callarlo es que la indiferencia de este hombre se convirtió en su violencia[94]. Permitió que el necesitado se pasara la vida en esa condición dándolo por bueno. La inhibición de los insensibles ante el dolor ajeno sólo tiene un nombre: violencia.

La parábola de buen samaritano (Lc. 10:25-37). En esta parábola, Jesús aparece respondiendo a un escriba. Es decir, uno de esos hombres que va por la vida con un concepto "blindado" de quién es Dios y cómo hay que actuar en función de ese modo de comprenderle. Por eso, la pregunta que dirige a Jesús: ¿Quién es mi prójimo?, es una pregunta "trampa", porque un hombre así no necesita de nadie para contestar a eso. Este modelo de hombre religioso va por la vida con la absoluta convicción de que todas las cosas que hace son: "En el nombre del Padre, del Hijo... y de la "Policía".

Pero Jesús de Nazaret, con este relato va a colocar en crisis su concepto de Dios, su concepto de ley y su concepto de prójimo. Porque tanto el sacerdote, como el levita, hombres religiosos de "academia", son puestos en esta historia como un trapo, mientras que un infiel samaritano es situado como "el que usó de misericordia" y sensibilidad ante la necesidad de un ser humano desvalido.

Parece bastante claro que la actitud del sacerdote y del levita debería ser entendida como una auténtica agresión (omisión de ayuda, actitud de desamor y falta de misericordia) contra la persona tendida en el camino ¿no es cierto?. Pues bien, hay que saber que las agresiones hacia los seres humanos son tanto más

---

[94] CASTILLO J.M. Op. Cit. Págs. 160-161

peligrosas cuanto el motivo que las justifica es más noble. Porque el que comete una agresión por "motivos divinos" precisamente porque invoca tales motivos, por eso mismo actúa con una absoluta impunidad y una conciencia tranquila, porque en lo más hondo de su ser sabe que delante de Dios "hace lo que tiene que hacer". Es un auténtico "pura sangre" de la ortodoxia.

Lo que le importa a este perfil de hombre/ley es el imperativo categórico, o sea, cumplir los preceptos caiga quien caiga. De manera que, en el nombre del Dios en el que cree, es capaz de machacar "a todo bicho viviente" y continuar por la vida con la conciencia tranquila creyendo que ha hecho el bien. El problema es que, en el fondo, lo que verdaderamente le importa más allá de toda otra motivación es CUMPLIR, mientras que Dios y el prójimo aparecen en el furgón de cola de sus prioridades. Es decir, en realidad, al legalista lo que le preocupa es su propia persona y su relación con lo que entiende que debe ser "la obediencia ciega". Por eso, lo que late dentro de su ser, más allá de lo que ven los ojos, es el "yo narcisista religioso" que va por ahí "lleno de sí mismo", sin tacha ni mácula, pero dejando a los que sufren en la cuneta sin ningún tipo de sensibilidad ni misericordia.

Como contraste, aparece un hombre anónimo, alejado de la ortodoxia de Israel, más que eso, odiado por los profesionales de la religión del Dios verdadero. Y va y resulta que este hombre, estereotipo de los excluidos, ve, siente y actúa. Es decir, se hace prójimo porque no contempla el sufrimiento del herido como una "fórmula teológica", sino como una situación vital. No se pierde en normas para actuar, sencillamente se desvive por aquel que lo necesita. Jesús no coloca en el relato la actitud de este hombre sujeta a ningún tipo de precepto. No hace falta. Lo único que aparece como motivo de la actuación solidaria es el principio de la misericordia.

A poco que intentemos comprender las palabras de Jesús con un poco de lucidez, descubriremos que lo fundamental en esta vida es ser capaces de contemplar la realidad y actuar ante ella del mismo modo que lo hace Dios. Y esto significa dejar que la sensibilidad nos cambie la mirada, la actitud y la praxis. O sea, en el fondo, comprender que en muchas circunstancias de la vida es preciso tomar en consideración una "ley" que se encuentra más allá de la letra de la ley, y que solamente discernir eso y actuar en consecuencia nos permite movernos en la vida bajo unas coordenadas de amor, misericordia y sensibilidad semejantes a las de Dios[95].

El juicio de las naciones. Mt. 25:31-46. La clave de este mensaje está en que, a juicio de Cristo el Señor, el criterio determinante a la hora de sopesar la conducta auténtica de cada ser humano, no es ante todo la violencia que hizo o el daño y el sufrimiento que causó a los demás. Eso es importante, claro está. Pero hay un criterio más hondo e inconfesado que ese y que cotiza especialmente a la hora de evaluar cómo somos: La indiferencia que se desentiende del sufrimiento de los demás, de la soledad o del desamparo. El abandono de todos los que se ven maltratados por la vida, el mundo y la sociedad. Esta indiferencia ante el sufrimiento es un dato de primerísima magnitud para encarar el juicio de Dios.

Si esto es así, significa que la valoración para determinar "el bien" no se mide sólo ni principalmente a partir del criterio de "no hacer daño". O sea, no vale decir "yo soy bueno porque no robo, ni mato". Un individuo que pasa por la vida jactándose de no hacer tales cosas puede resultar un ser sumamente peligroso. Porque, según el criterio evangélico, el mal que nos

---

[95] DELÁS E. "Del legalismo a la misericordia pasando por Jesús". Artículo "La Lupa Protestante". Septiembre. 2005. Págs. 1-4

pierde es también y, sobre todo, el bien que dejamos de hacer a muchas personas que en este mundo se encuentran desamparadas, desatendidas y necesitadas. Por tanto, lo decisivo no se encuentra sólo en *cumplir los deberes*, sino en *satisfacer necesidades aliviando el sufrimiento*.

Nos han educado en unas instituciones religiosas y en una cultura en las que lo fundamental es "cumplir con nuestros deberes", pero no tanto para vivir atentos a las necesidades de las personas. Por eso, a los mejores de entre nosotros les llamamos "cumplidores". Y, sin embargo, es raro encontrar personas sensibles al desamparo y a la necesidad de ayuda, ánimo y sostén de los demás. Por eso, nos horroriza la violencia, el terrorismo y la maldad. Y, sin embargo, aceptamos casi como normal que haya personas "intachables" que pasan por la vida dejando a su alrededor riadas de amargura, dolor y desamparo. Martin Luther King, pronunció estas palabras:

"Cuando reflexionemos sobre nuestro siglo XX, no nos parecerá lo más grave las fechorías de los malvados, sino el escandaloso silencio de las buenas personas"[96].

La falsa religiosidad como autojustificación. En los relatos de los evangelios se habla de los fariseos describiéndolos como personas que se caracterizaban, entre otras cosas, por una notable estima de sí mismos y un profundo desprecio hacia todos los que no pensaban y vivían como ellos. El evangelio de Lucas habla de esta cuestión en la introducción que hace el propio evangelista de la parábola del fariseo y el publicano. Allí, Lucas dice que Jesús propuso esta parábola a "algunos" que, obviamente, son los fariseos. Pues bien, según el evangelio, el fariseo era un individuo que se caracterizaba por tres cosas: 1) confiaba en sí mismo, es decir, en su propia conducta. 2) esa confianza

[96] ÁVILA A. Op. Cit. Págs. 162-164

se basaba en la consideración de sí mismo como "justo", "cabal" o "ejemplar". O sea, se trataba de un hombre "como Dios manda". 3) Por eso, despreciaba a los demás[97]. Una persona que va así por la vida, sin más remedio sentirá un inconfesable desprecio por todos los que no son como él.

La parábola del fariseo y el publicano (Lc. 18:9-14). Este relato se dirige "a algunos que se tenían por justos y despreciaban a los demás" (Lc. 18:9) y con estas palabras, ya podemos sacar en limpio que la pretensión de ser justo va inseparablemente unida al desprecio por los demás. Se trata entonces, de una pretensión, consciente o no, de poder y dominación[98].

El fariseo entra en el templo a orar, pero resulta que no le pide nada a Dios. Lo único que hace es dar gracias "porque él no es como los demás" (Lucas 18:11). Y, de inmediato, le presenta a Dios una lista de gentes indeseables: "ladrones, injustos, adúlteros". O sea, para un tipo como él pensar en los demás es pensar en clave de desprecio, por más que la apariencia pretenda dictar otra cosa. Por el contrario, pensar en sí mismo es pensar en alguien que vive como Dios manda. Si este hombre no es santo, ¿quién lo va a ser?. El problema es que su propia religión lo deja "blindado" y "aislado" frente a lo que ocurre fuera. No ve, no siente, no escucha, no actúa. Tan sólo cumple. Y lo peor del caso es que todo eso lo vive como parte del favor de Dios gracias a su propia piedad.

El otro proceder es el del publicano, que no oculta su fragilidad. Se retira a un rincón. No se atreve ni a levantar sus ojos del suelo. Sabe que es pecador y que por sí mismo no puede cambiar de vida. No finge escudándose en poder alguno, ni

---

[97] CASTILLO J.M. Op. Cit. Pág. 109
[98] VARONE F. Op. Cit. Pág. 85.

adopta pretensiones de dominación sobre los otros. Reconoce su condición interior hasta el punto de percibir que jamás será justo delante de Dios[99]. Por eso, no promete nada. Sólo le queda abandonarse a la misericordia de Dios: "Se propicio a mí, pecador".

Jesús concluye la parábola con esta afirmación: "Os digo que éste descendió a su casa justificado antes que el otro; porque cualquiera que se enaltece, será humillado; y el que se humilla será enaltecido" (Lc. 18:14). La persona que se ensalza a sí misma, oculta la verdad de su fragilidad interior tras un comportamiento prepotente, y Dios la desenmascara. La persona que se humilla es la que reconoce, sin ocultarla, su condición moral más íntima, y Dios se le muestra como quien la justifica y la libera[100]. Y, entonces, brota una paradoja sorprendente en medio de un universo de legalismo religioso: ¿Cómo puede Dios no reconocer al "piadoso" y, por el contrario, justificar al "pecador"?. ¿Será que, al final, todos nos hemos de abandonar a su misericordia?. ¿Será verdad que lo decisivo en la vida no es la práctica religiosa sino el amor incondicionado de Dios?. ¿Será Dios un misterio increíble de compasión que actúa movido por su ternura hacia quienes confían en él?[101].

La falsa religiosidad como crisis de fraternidad. Una de las parábolas que más se utiliza en el discurso eclesiástico para hablar de Dios como Padre, es la que hemos llamado "el hijo pródigo" (Lc. 15:11-32). Pero, tal y como se enseña habitualmente, es imposible enterarse de lo que Jesús quiso decir al contar aquella historia. Lo primero que se presta a confusión es, precisamente, el título que le hemos buscado: "el hijo pródigo".

---

[99] Ibid pág. 85

[100] Ibid pág. 85

[101] PAGOLA J.A. "Jesús, testigo de una sociedad nueva". Idatz. 2005.Págs. 18-19

Presentar la importancia del hijo que desperdició la herencia del padre es legítimo. Pero eso no constituye la clave de la parábola, ni lo más central. El capítulo quince del evangelio de Lucas está dedicado por entero a explicar el comportamiento de Dios con aquello que se pierde y extravía. Por eso, primero se cuenta la historia de "la oveja perdida" (Lc. 15:4-7), luego la de "la moneda perdida" (Lc. 15:8-10) y, por último, la del "hijo perdido" (Lc. 15:11-32).

Todo esto se comprende mejor cuando se lee el comienzo del capítulo quince del evangelio de Lucas. El argumento arranca de la acusación que hacían los escribas y fariseos contra Jesús, porque éste era amigo de pecadores y gentes de mal vivir con quienes incluso comía con frecuencia (Lc. 15:1-2). El hecho es que Jesús, para dar explicación de por qué se portaba así y tenía tales amigos, echa mano del tema de Dios y les dice a los fariseos cómo siente y actúa él hacia todos aquellos que se encuentran perdidos y extraviados.

La parábola del hijo perdido. (Lc. 15:11-32). El relato cuenta lo sucedido en una familia cuando el hijo menor reclama su herencia. De inmediato, el Padre reparte los bienes entre sus dos hijos. Uno de ellos deja atrás la casa del Padre y vive perdidamente hasta que dilapida la totalidad de lo recibido. Y, entonces, vuelve en sí y se propone confesar ante su padre: "He pecado contra el cielo y contra ti" (Lc. 15:18). Se da cuenta de que su camino es un fracaso que le ha llevado al extravío, la miseria y a la soledad más absolutas. De modo que, en la esfera de su intimidad, se arrepiente y prepara unas palabras sentidas con la esperanza de ser recibido por su padre como el último de la casa. Sin embargo, más allá de *los motivos* que lo traen, al Padre lo que le conmueve es *el hecho* de que su hijo regrese al hogar. Por eso, no le reprocha nada, ni le echa en cara las barbaridades que ha hecho. Todo lo contrario. Como muestra de felicidad y regocijo le organiza una fiesta por todo lo alto para celebrar el regreso (Lc. 15:22-27).

Sin embargo, el Padre tenía dos hijos (Lc. 15:12). El pequeño era un crápula y ya sabemos lo que hizo. Sin embargo, el hermano mayor se veía a sí mismo como "el que nunca ha roto un plato", porque siempre estuvo donde tenía que estar, cumpliendo con su deber al pie de la letra (Lc. 15:29). Y, sin embargo, el intachable observante es el que termina al final de la historia recibiendo la reprensión de su padre (Lc. 15:31-32). ¿Por qué?. Porque el hermano mayor era, efectivamente, cumplidor y observador pero con espíritu y mentalidad de fariseo. Es decir, tenía el absoluto convencimiento de que él, no el otro, era el bueno. Y porque con esa consideración de sí mismo, despreciaba a quien en todo el relato jamás llama "hermano". Existen percepciones de Dios y de uno mismo, que no permiten pronunciar la palabra "hermano". Pero hay más. Porque este hermano mayor percibe al Padre como un jefe y un amo al que hay que someterse bajo el régimen del imperativo categórico. Por eso, en un alarde de atrevimiento le confiesa que se considera maltratado y que, por tanto, juzga injusto su comportamiento con él por "no darle ni un cabrito para gozarse con sus amigos" porque "se lo merecía sobradamente" (Lc. 15:29).

Si se piensa bien, ésta parece una historia subversiva. Porque ¿Dónde hay un padre al que su hijo menor le pide la herencia y se la da sin más explicaciones?. ¿dónde hay un "golfo" tan malgastador que funde todo lo recibido en "cuatro días" y luego vuelve a casa y es recibido como si nada hubiera sucedido, y encima le montan una fiesta?. ¿En qué familia el hijo "bueno" que siempre ha hecho lo conveniente es reprendido por su padre?. Estas escenas que nos dejan perplejos aparecen situadas al servicio de un contundente mensaje interpelador:

Jesús nos quiere explicar y enseñar cómo es Dios y cómo se porta con los perdidos y, además, como somos nosotros cuando actuamos como el hijo mayor. Dios siente, hacia los que están lejos, lo más fuerte que sentimos los seres humanos en esta vida cuando queremos de verdad a alguien. Eso le pasa a Dios con "los perdidos", con esos a los que nosotros, los que vamos por la vida como buenas personas o como "gente respetable", solemos despreciar y marginar mucho más de lo que nos imaginamos. Por eso, Dios no es como nosotros normalmente nos lo imaginamos[102]. Dios, en Jesús de Nazaret, es tan entrañablemente humano que nos desconcierta y nos descoloca invitándonos con ello a reflexionar profundamente en el carácter de nuestras relaciones fraternas[103].

Conclusión: La seducción del Reino.

El tesoro escondido y la perla de gran precio. Mt. 13:44-45.

"Además, el reino de los cielos es semejante a un tesoro escondido en un campo, el cual un hombre halla, y lo esconde de nuevo; y gozoso por ello va y vende todo lo que tiene, y compra aquel campo. También el reino de los cielos es semejante a un mercader que busca buenas perlas, que habiendo hallado una perla preciosa, fue y vendió todo lo que tenía y la compró".

En una primera lectura de estas dos parábolas, parece como si Jesús propusiese la exigencia impositiva de una entrega sin reservas. Sin embargo, no se las ha comprendido en absoluto cuando en ellas se ve, en primer lugar, un imperativo

---

[102] CASTILLO J.M. Op. Cit. Págs. 146-149
[103] Ibid pág. 149

categórico que manda una acción heroica. Nada de eso. La palabra clave en este contexto es: "Gozo" (vs. 44). Cuando la gran alegría por el hallazgo de lo más valioso sobrepasa toda medida y embarga a una persona, la arrastra, la llena en lo más íntimo y la seduce, entonces ningún precio es demasiado alto. La entrega de todo lo que uno tiene por obtener lo que más anhela no se contempla ni se vive como pérdida, sino como la oportunidad única para disfrutar del tesoro encontrado. Así ocurre con el reino de los cielos[104]. La buena nueva de su llegada es capaz de fascinar, alegrar y hacer girar toda la vida hacia la entrega más apasionada. Nada importa más.

---

[104] JEREMÍAS J. "El mensaje de las parábolas". Verbo Divino. 1997. Págs. 225-226

6

EL SUFRIMIENTO, LA CRUZ
Y LA MUERTE DE JESÚS

Introducción

La muerte de Jesús es un hecho indiscutible, atestiguado no sólo por los evangelios, sino también por testimonios de historiadores judíos y romanos. Ahora bien, esta muerte se enmarca en el mismo horizonte en el que aconteció su vida. Existe una relación de causa-efecto entre el tipo de vida que llevó y el desenlace final de su itinerario vital. Su muerte es consecuencia de su actitud transgresora de la ley, de su crítica de la religión, de su permanente actitud conflictiva frente a las autoridades religiosas y políticas; es consecuencia, en definitiva, de su existencia libre y de su forma liberadora de actuar.

La libertad con la que vivió, el discurso que proclamó y las prácticas de liberación que realizó le acarrearon la muerte, no una muerte dulce, sino trágica, amarga, dramática: la crucifixión. Jesús cae bajo sospecha de sus correligionarios por su forma subversiva de interpretar las Sagradas Escrituras. El Jesús profeta que dice: "No es eso, no es eso, no es eso", constituye una amenaza para la seguridad de la religión. La práctica de

Jesús era socialmente revolucionaria porque defendía y practicaba un estilo de vida comunitario; políticamente peligrosa, porque desacralizaba el poder y presentaba como alternativa el servicio; religiosamente desafiante, porque eliminaba a los intermediarios, bien fueran personas o instituciones, para acceder a Dios. Ahí es donde adquiere significación su vida y sentido su muerte[105]. Por consiguiente, es necesario des-compartimentar la muerte de Jesús y ponerla en relación significante con su vida y su acción profética de la que aquella es su punto culminante[106].

6.1 ¿FUE JESÚS UNA PERSONA "PROGRAMADA" PARA SUFRIR Y MORIR?

Si la interpretación que damos a la vida y a la historia de Jesús se centra en el papel que algunas teologías han asignado a Cristo, entonces habría que afirmar que, en el fondo, fue *un hombre programado* desde Dios y por Dios de un modo fatalista. De manera que su vida ya antes de venir a este mundo estaba pensada y organizada, con vistas a que todo terminase como de hecho terminó. Por tanto, desde ese modo de ver las cosas, no fue Jesús el que decidió lo que tenía que hacer y cómo debía orientar su vida, porque eso ya estaba decidido y organizado de antemano. Se trataba sólo de desempeñar el papel y cumplir el guión escrito previamente en el que lo prioritario y sustancial era morir en la cruz. De este modo, Jesús se ve despojado de creatividad y, sobre todo, de una vida interpretada bajo el signo de la libertad. Es decir, se ve desprovisto de los

---

[105] TAMAYO J.J. "Por eso lo mataron". Trotta. 2004. Págs. 150-151
[106] VARONE F. Op. Cit. Pág. 28

condicionamientos indispensables para que una persona sea en esta vida cabal y completa. Y, por consiguiente, todo en ese proyecto apuntaba al cielo y no a la tierra, de donde parece seguirse inevitablemente que Jesús pasó por este mundo sin que le importase gran cosa lo que ocurría aquí abajo[107]. Porque, claro, si la única cuestión central en el acontecimiento Cristo es su predeterminada muerte en la cruz, entonces, siguiendo la lógica humana, da igual si nació en Belén o en Pekín, importa poco su mensaje revelador de un Dios alternativo al de la religión, queda oscurecido su modo de situarse ante la realidad, su denuncia profética, sus polémicas con los profesionales de la ley y la razones que las produjeron. Y, finalmente, resulta irrelevante su vida como modelo de imitación y seguimiento para el cristianismo. A partir de aquí, cabe preguntarse: ¿es posible construir una eclesiología que aterrice en el mundo de lo real, fundada sobre estas propuestas cristológicas?.

El Jesús que reconocen las Escrituras no es el que conoce "a priori" todo el plan del reino de Dios y, porque lo conoce, lo ejecuta al pie de la letra. El Jesús que nos muestra el evangelio es una persona que busca, ora, se ve confrontado por distintas opciones, es tentado y puesto a prueba, se siente impulsado a tomar decisiones, se retira al desierto para buscar la voluntad de Dios y elabora progresivamente un proyecto que, bajo el signo de la obediencia, la guía del Espíritu y la disponibilidad, se va plasmando a través de opciones concretas. Y todo ello, no sin peligros, tanteos, preparaciones y crecimiento. Esa es la propuesta del evangelio desde el principio:

"Y el niño crecía y se fortalecía, y se llenaba de sabiduría; y la gracia de Dios era sobre él... Y Jesús crecía en sabiduría y en estatura, y en gracia para con Dios y los hombres" (Lc. 2:40, 52).

---

[107] CASTILLO J M. Op. Cit. Pág. 151

No dice únicamente "crecía para con los hombres", como si hubiese ido revelando poco a poco a los hombres lo que ya sabía desde siempre por ser Dios, sino que añade también "crecía para con Dios". Es decir, iba conociendo y asumiendo progresivamente el designio de Dios, en tanto que hombre. Creemos, claro está, en la encarnación de Dios en Jesús de Nazaret, pero esa encarnación no debe ser vaciada de contenido puesto que no se hizo a expensas de la verdadera humanidad de Jesús, sino precisamente a través de ella. Dentro de ese marco de comprensión hemos de situar el proyecto histórico de Jesús. Proyecto quiere decir opción fundamental, la decisión de fondo que marca la orientación de la vida, de las ideas y de las prácticas[108]. Por consiguiente, Jesús no llegó a este mundo con una lección sobre Dios memorizada desde la eternidad. Con toda probabilidad, hizo suyos conocimientos acerca de Dios provenientes de las tradiciones del primer testamento (proféticas, apocalípticas, sapienciales) y, sobre todo, fue aprendiendo a construir una vida conforme a la voluntad de su Padre. Sólo así pudo llegar a ser constituido "Autor y consumador de la fe" (He. 12:2)[109].

6.2 EL SUFRIMIENTO DE DIOS ANTE LA CRUZ DE JESÚS.

¿Es Dios capaz de sufrir?. Si preguntamos, al estilo de la filosofía griega, acerca de lo que es "apropiado" para Dios,

---

[108] BOFF L. "Pasión de Cristo, Pasión del mundo". Sal Terrae. 1980. Págs. 36-37. Todo proyecto, como sugiere su mismo sentido etimológico, posee esencialmente una dimensión de futuro (lanzado: "yecto"; hacia delante: "pro").

[109] VITORIA CORMENZANA F. J. "La Trinidad. El misterio del Dios entregado a los hombres". Notas de clase. Sin Publicar. Pág. 213.

entonces tenemos que excluir el sufrimiento de la esencia de la divinidad. La divinidad impasible, inmóvil, uniforme y auto-suficiente se enfrenta a un mundo sufrido, dividido, incapaz de satisfacerse por sí solo. La sustancia divina es, pues, lo fundamental y permanente ante este mundo de apariencias y, por ello, no puede sufrir el mismo destino de este mundo. La incapacidad de sufrir ha sido considerada atributo indispensable de la perfección y naturaleza divinas. Pero, ¿No significa esto acaso que la teología cristiana hasta el presente no ha desarrollado un concepto del Dios cristiano consecuente, sino que se ha apoyado más bien en la tradición metafísica de la filosofía griega?. Conviene meditarlo. Porque, en el fondo, cuanto más se tiene en cuenta el concepto de apatía como atributo divino, más se debilita la posibilidad de identificar a Dios con el sufrimiento, la cruz y la muerte de Cristo[110]. Si Dios es incapaz de sufrir en cualquier sentido, entonces la consecuencia es que la pasión de Cristo sólo puede ser considerada una tragedia humana. Quien solamente vea en la pasión de Cristo el sufrimiento de un buen hombre de Nazaret, tendrá un Dios que inevitablemente se volverá un poder celestial frío y mudo que difícilmente puede ser amado.

Un Dios que no puede sufrir es más desgraciado que cualquier hombre, porque un ser incapaz de sufrimiento es un ser indolente. No le afecta nada, carece de afectos, nada lo puede conmover. El problema es que quien no puede sufrir, tampoco puede amar. O sea, es un ser egoísta. El Dios de Aristóteles, que ha sido el Dios adaptado al cristianismo durante siglos, no puede amar. Lo único que puede es reclamar que lo amen los seres no divinos a causa de su perfección y belleza, atrayéndolos hacia sí. El "primer motor inmóvil" es un "amante-egoísta"

---

[110] MOLTMANN J. "Cristo para nosotros hoy". Trotta. 1997. Pág. 41

Es el fundamento de todas las cosas hacia él (causa primera) y al mismo tiempo razón de sí mismo, un narcisista puro.

Sin embargo, ¿Tiene que pensarse necesariamente que el Dios verdadero es impasible en todos los sentidos?. La única contraposición del sufrimiento que conocía la iglesia antigua era la impasibilidad (apatía), el no sufrir. Pero entre el sufrimiento involuntario causado por otro y la impasibilidad sustancial hay otras formas de sufrimiento, el activo, el del amor, en el que uno se abre libremente para ser alcanzado por el otro. Si Dios fuera impasible en todos los sentidos, también sería incapaz de amar[111]. Como mucho sería capaz de amarse a sí mismo, pero no de amar lo que está fuera de él[112]. Pero si es capaz de amar lo diferente a sí mismo, entonces se expone y se abre al sufrimiento que le acarrea el amor por otros, sobreponiéndose por medio del amor al dolor que así surge. Dios no sufre como la criatura por una carencia o deficiencia en su ser, sino que sufre de amor por la creación. En este sentido Dios puede sufrir, quiere sufrir y está sufriendo por el mundo[113].

Si rastreamos con intención las Sagradas Escrituras, descubrimos con claridad y lucidez el carácter de Dios tanto en la historia del sufrimiento de Israel como en la pasión de Cristo, que constituyen el núcleo de las tradiciones bíblicas. El Dios que condujo a Israel a la libertad y que hizo su alianza con el pueblo no es un Dios apático sino apasionado por sus criaturas. Por eso, en la interpretación rabínica de la deidad existe, por un lado, el reconocimiento del Todopoderoso pero, al mismo tiempo, la constatación de que ese mismo Dios, por su Espíritu, está al mismo tiempo en y con su pueblo. Especialmente, se

---

[111]MOLTMANN J. "El Dios crucificado". Sígueme. 1977. Págs. 324-325

[112] IBID pág. 326

[113] MOLTMANN J. "Pasión por Dios". Sal Terrae. 2007. Pág. 85

encuentra cercano a los pobres y los humillados, a los huérfanos y las viudas y participa de su dramática situación. Mediante la "Shekinah" su presencia activa se hace transparente y real porque comparte el sufrimiento de la miseria, la persecución y el exilio de los suyos. Es decir, el Dios de la alianza es también el compañero de sufrimiento de Israel. Esta experiencia del dolor y del padecimiento de Dios entre los suyos fue y sigue siendo la fuerza inagotable que impide la desesperación en las situaciones más extremas de la existencia.

A partir de aquí, los cristianos pueden hablar del dolor y del sufrimiento de Dios y experimentar desde ahí una profunda e íntima comunión con él. Porque, el que sufre sin motivo, lo primero que piensa es que ha sido abandonado por Dios. Sin embargo, quien en su sufrimiento grita a Dios ¿No está haciendo básicamente suyo el grito de Jesús: Dios mío, Dios mío, por qué me has abandonado?. Quien esto reconoce, reconoce también, desde luego, que Dios no es ese oscuro vecino de enfrente que está en el cielo a quien él grita, sino una persona real, viva, cercana y experimentada en quebranto, que también ha sufrido como todos nosotros su "noche oscura".

El Cristo solo, abandonado, despreciado y angustiado es, en un sentido muy real, la prueba de la solidaridad de Dios en el sufrimiento. Si el acontecimiento de la cruz se mira desde fuera y al margen de las experiencias del propio sufrimiento, entonces puede uno preguntarse qué clase de Padre es ese que permanece sentado en el trono del cielo permitiendo que su propio hijo muera en la tierra de forma tan terrible. Sin embargo, si nos fijamos bien, en el acontecimiento de la cruz de Cristo reconocemos al Padre en el Hijo. "El que me ha visto a mí, ha visto al Padre", dice Jesús en el evangelio de Juan (Jn. 14:9). Para Pablo "Dios estaba en Cristo reconciliando consigo al mundo" (2ª Co. 5:19). Por consiguiente, a donde va el Hijo, va también el Padre, y cuando sufre el Hijo, sufre también el Padre; no a la manera del Hijo, sino a su modo propio. Por eso, puede decirse que Dios Padre ha sufrido en su propia persona la muerte de su Hijo querido y ha compartido sus dolores.

El siguiente relato judío puede ayudarnos a comprender al Dios que comparte el sufrimiento:

"Cuando el Santo, alabado sea por siempre, venga para liberar a los hijos de Israel del exilio, éstos le dirán: Señor del universo, tú eres el que nos ha dispersado entre las gentes, el que nos ha expulsado de nuestra propia casa, ¿y ahora eres también el que nos devuelve de nuevo a ella?. Y el Santo, alabado sea por siempre, respondió a los hijos de Israel: Cuando vi que habíais abandonado mi propia casa, también yo la abandoné para volver a ella con vosotros"[114].

6.3 DE LA CRUZ COMO ESCÁNDALO A LA CRUZ COMO SALVACIÓN.

El sufrimiento, la cruz y la muerte de Jesús de Nazaret ya estaban predichos en las Escrituras. Sobre eso no hay ninguna duda. Pero, entonces, ¿Por qué habría que sorprenderse de que el Mesías muriese crucificado si ya estaba profetizado?. Esto es lo que resuena en el pasaje del encuentro del Señor con los discípulos de Emaús: Lc.24:25-26. "¡Oh insensatos y tardos de corazón para creer todo lo que dijeron los profetas. ¿No era necesario que el Cristo padeciera esto y entrara así en su gloria?. Esta argumentación surgió muy pronto en la historia de la iglesia, puesto que aparece ya en el temprano texto de 1ª Corintios 15:3: "Cristo murió por nuestros pecados,

---

[114] MOLTMANN WENDEL E/MOLTANN J. "Hablar de Dios como mujer y como hombre". PPC. 1991. Págs. 43-44

conforme a las Escrituras". Pero hay más. Porque en la proclamación apostólica del libro de los Hechos, se subraya que Jesús fue entregado: "Por el determinado consejo y anticipado conocimiento de Dios, prendisteis y matasteis por manos de inicuos, crucificándole" (Hch. 2:23). Más aún, se dice que la cruz "era necesaria" (Mr. 8:31).

Todo esto nos viene a mostrar claramente que es imposible que la cruz posea un significado directamente captable por los hombres. Esa es la razón por la que el apóstol Pablo constata que, desde un lugar de observación distante y descomprometido, el sufrimiento, la cruz y la muerte de Jesús solamente pueden ser locura y escándalo (1ª Co. 1:22-23). Lo cual quiere decir que el sentido de todo esto solamente puede ser comprendido si dejamos que la propia vida y muerte del Dios encarnado nos cambie la mirada para percibir, desde el discernimiento cristiano, cómo la cruz que nos resulta incognoscible llega a convertirse en lugar de salvación.

Estas consideraciones nos llevan, inevitablemente, a profundizar en la muerte de Jesús en la cruz desde dos planos distintos, pero necesariamente convergentes. Por un lado, hemos de hablar de las *causas históricas* y, en segundo término, es preciso profundizar en las *causas eternas o divinas*. Y, para ello, es preciso proponer dos preguntas que nos abran a una comprensión integral del acontecimiento.

6.3.1 ¿Por qué mataron a Jesús?.

En ninguno de los tres evangelios sinópticos se silencia la gravedad de la muerte de Jesús en la cruz. Pero la pregunta siempre es por qué. En principio, es necesario dar cuenta de que los numerosos adversarios judíos que Jesús fue añadiendo en el transcurso de su ministerio público, dictaron sentencia contra él porque los llevó a mal traer y los desafío con sus palabras y hechos. No cabe ninguna duda de que su vida constituyó un verdadero contraste para su propio pueblo, hasta tal punto que se convirtió para la religión en una amenaza que era necesario quitar de en medio. Las razones hay que buscarlas en actitudes y comportamientos de Jesús interpretados como desafíos al status quo dominante:

A lo largo de su ministerio, Jesús curó a muchos enfermos en el día de reposo.

Mr. 3:1-6 – "… Le acechaban para ver si en el día de reposo sanaría a fin de poder acusarle… y salidos los fariseos tomaron consejo con los herodianos contra él para destruirle".

El día de reposo es el día del Señor, y en ese día el Señor sana. Pero los centinelas de la observancia, que practican el imperativo legal pero se olvidan de la misericordia, ven a la ley por encima de la sanidad, y toman consejo para quitar de en medio a Jesús.

Para todo judío piadoso era de ley evitar la compañía de los pecadores, sin embargo, Jesús actúa de un modo escandalosamente diferente.

Mr. 2:15-17 – "… Aconteció que estando Jesús a la mesa de él (Leví, el publicano) muchos publicanos y pecadores estaban también con él a la mesa juntamente con Jesús y sus discípulos… y los escribas y fariseos dijeron… ¿Qué es esto, que él come y bebe con publicanos y pecadores?. Al oír esto Jesús les dijo: No he venido a llamar a justos sino a pecadores".

Los que se consideran "buenos", no pueden tolerar la compañía de los injustos e impuros porque representa para ellos piedra de tropiezo. Los llamados "descreídos", desde la interpretación de los "santos y justos" se encuentran en los márgenes de la sociedad, apartados de todo privilegio espiritual. Pero ¿qué es lo que hace Jesús?. Se dirige a publicanos y pecadores, deja que le inviten a comer y les dedica tiempo y atención.

Toma una actitud descaradamente provocativa y se granjea con ello la misma marginación a la que están sujetos los grupos sociales con los que convive.

Nada había más sagrado para un judío que la ley y la interpretación que de ella daban las escuelas rabínicas. Pero Jesús se atrevió a cuestionar el espíritu legalista que la había corrompido.

Mt. 5:21-22 – "Oísteis que fue dicho a los antiguos: No matarás; y cualquiera que matare será culpable de juicio. Pero yo os digo que cualquiera que se enoje contra su hermano, será culpable de juicio…"

La palabra de Jesús se coloca al nivel de la palabra de Dios dada a Moisés, trascendiendo la letra de la ley y dotándola de espíritu capaz de revelar las intenciones y las motivaciones más hondas del corazón. Además, Jesús denunció la necesidad de practicar una justicia mayor que la de los escribas y fariseos para entrar en el reino de los cielos (Mt. 5:20). Con un discurso tan radical y revolucionario se echó encima a todo el poder religioso de su pueblo.

Jesús realizó una acción simbólica que constituyó la mayor provocación dirigida a la vida espiritual de su pueblo: la expulsión de los mercaderes del templo.

Mt. 21:12-15 – "Y entró Jesús en el templo, y echó fuera a todos los que vendían y compraban en el templo, y volcó las mesas de los cambistas y las sillas de los que vendían palomas; y les dijo: Escrito está: Mi casa, casa de oración será llamada; más vosotros las habéis hecho cueva de ladrones. Y vinieron a él en el templo ciegos y cojos y los sanó".

Con este gesto inequívoco de autoridad, episodio que narran los cuatro evangelistas, Jesús puso en crisis y en peligro todo el ordenamiento del culto dirigido a Dios convertido en fuente de poder, dominio y enriquecimiento de unos pocos sobe el pueblo. Desde aquel momento, los sacerdotes y las familias saduceas se contaron entre sus enemigos más irreconciliables. A los pies de la cruz aparecerán de nuevo reclamándole un movimiento de autosuficiencia para creer: "… Los principales sacerdotes escarneciéndole con los escribas y fariseos y los ancianos decían: A otros salvó, a sí mismo no se puede salvar; si es el rey de Israel, descienda ahora de la cruz y creeremos en él" (Mt. 27:41).

Jesús escandalizó a los ricos piadosos invitándoles a seguirle con propuestas desconcertantes e inesperadas.

Lc. 18:22 – "… Vende todo lo que tienes, y dalo a los pobres, y tendrás tesoro en el cielo; y ven, sígueme".

Mr. 10:24-26 – "… ¡Cuán difícil le es entrar en el reino de Dios a los que confían en las riquezas. Más fácil es pasar un camello por el ojo de una aguja que entrar un rico en el reino de Dios. Ellos se asombraban aún más, diciendo entre sí: ¿Quién, pues, podrá ser salvo?.

Jesús provocó y desconcertó a muchas familias acaudaladas de Israel, y tuvo la audacia de pronunciar palabras que sonaron absolutamente subversivas, incluso para los discípulos. Con este discurso tan radical no pudo sino padecer la enemistad y el rechazo de los poderes económicos de su tiempo[115].

Lo que está fuera de toda discusión es que la enseñanza y la práctica de Jesús representaron una radical amenaza al poder religioso de su tiempo, y que éste reaccionó. Jesús fue, esencialmente, una "persona en conflicto", y por ello fue perseguido. Esta persona en conflicto estorbó, y al que estorba se le quita de en medio. El conflictivo Jesús se enfrentó, en el nombre del Dios verdadero, a todos los demás dioses. Y lo pagó con la muerte. Por eso es tan relevante la cruz de Jesús en el Nuevo Testamento, aunque el crucificado sea casi un extraño para

---

[115] DELÁS E. *Apuntes de Cristología.* Sin publicar. Págs. 6-8

nuestra cultura burguesa y nuestro cristianismo acomodaticio y adormecido. La cruz muestra cómo Dios hecho hombre, en su confrontación con la historia de la violencia de los ídolos, expone, arriesga y "pierde"[116].

6.3.2 ¿Por qué murió Jesús?.

Esta pregunta es exigida por razones más que justificadas: en la cruz no murió cualquier ser humano, sino el mismo Hijo de Dios[117]. Por tanto, importa interrogar al discurso cristiano primitivo en sus expresiones de fe para descubrir que el sentido de la muerte de Jesús hay que fundamentarlo en dos contundentes confesiones: "Por nosotros" y "Por nuestros pecados".

El "por nosotros" constituye la primera expresión formal ampliamente subrayada en las Escrituras:

Gál. 2:20 – "… El Hijo de Dios… *se entregó a sí mismo por mí*".

Rom. 5:8 – " … Siendo aún pecadores, *Cristo murió por nosotros*".

1ª Co. 11:24 – "Esto es *mi cuerpo que por vosotros es partido…*".

2ª Co. 5:15 – "Y *por todos murió* para que los que viven ya no vivan para sí, sino par aquel que murió y resucitó por ellos".

1ª Tim. 2:6 – "El cual *se dio a sí mismo en rescate por todos*".

Por otra parte, la expresión "por nuestros pecados" es igualmente central en la proclamación apostólica más primitiva, asociándose íntimamente con la anterior:

---

[116] GONZÁLEZ FAUS J.I. y otros Op. Cit. pág. 132
[117] SOBRINO J. Op. Cit. Pág. 281

Gál. 1:3-4 – ".. El cual *se dio a sí mismo por nuestros pecados...*"

1ª Co. 15:3 – *"... Cristo murió por nuestros pecados".*

He. 10:12 – "Pero *Cristo, habiendo ofrecido una vez para siempre un solo sacrificio por los pecados*, se ha sentado a la diestra de Dios".

1ª Ped. 3:18 – *"Cristo padeció una sola vez por los pecados..."*[118].

Si, ahora, añadimos a estos enunciados centrales del evangelio la historia que precede, entonces es preciso afirmar que la muerte de Jesús tiene valor antropológico indiscutible, en tanto es culminación de una vida entregada desde la más absoluta disponibilidad. Lo cual implica una idea de la salvación cristiana vinculada a la existencia toda de Jesús, culminada históricamente en la cruz y definitivamente rescatada de la muerte y reivindicada con toda su pretensión en la resurrección. Por tanto, todo el itinerario histórico-humano de Jesús debe ser visto como un combate doloroso contra las fuerzas del mal, contra la hipocresía y la mentira, contra el rigorismo y el culto ritualista y superficial realizado al margen de la justicia, contra la marginación y la exclusión, contra toda forma de idolatría que genera injusticia y muerte, contra la violencia, el egoísmo y toda forma de pecado. Es, por lo tanto, un combate de salvación. En cada escena de la vida de Jesús, en sus milagros, en sus comidas, en sus parábolas, en su crucifixión, se hace presente el evangelio entendido como buenas nuevas de salvación [119].

Entonces, la salvación que Jesús nos ofrece es una posibilidad nueva de vida regalada por Dios. Es el regalo de poder vivir

---

[118] SESBOÜÉ B. "Jesucristo el único mediador". Secretariado Trinitario. 1990. Pág. 129, 131

[119] GUIJARRO OPORTO S. y otros "Jesús de Nazaret. Perspectivas". PPC. 2004. Págs. 253, 266

cerca del Dios santo a pesar de la propia injusticia, habiendo sido arrancados por él de una muerte merecida. Sin embargo, podría preguntarse: ¿Por qué Dios no puede simplemente decretar: vuestra culpa está cancelada, todo está perdonado y olvidado?. La respuesta sólo puede ser ésta: Porque entonces la realidad sería disimulada y en ese caso las consecuencias del pecado no serían tomadas en serio. El pecado no se descompone en el aire. Tiene consecuencias y, siempre, dimensiones sociales. Por consiguiente, debe acabarse con las consecuencias del pecado, lo que sucede es que el ser humano no puede hacer esto por sí mismo, al igual que no puede autoabsolverse. La desaparición real de la culpa sólo es posible en un terreno que Dios mismo debe producir, ya lo ha creado en su pueblo y renovado y llevado a su completo cumplimiento por medio de Jesús. Por eso, el perdón rompe la cadena de las causas, precisamente porque quien perdona por amor carga sobre sí con la responsabilidad de las consecuencias de lo que los otros han hecho[120]. Luego, ese perdón supone siempre entrega desprendida. Pues bien, Dios no se contenta con un mero perdonar, sino que regala con la entrega de Jesús el "lugar" en el que pueden ser eliminadas la culpa y sus consecuencias.

6.4 ¿CÓMO VIVIÓ JESÚS SU ENTREGA "POR NOSOTROS" Y "POR NUESTROS PECADOS"?.

El Nuevo Testamento habla en numerosas ocasiones de la obediencia/entrega de Jesús. Pero su lenguaje tiene como rasgo típico y sorprendente el que nunca se refiere a ningún precepto concreto de autoridad humana alguna. La Escritura se refiere

[120] LOHFING G. Op. Cit. Págs. 262-264

siempre a la obediencia/entrega de Jesús ante el Padre. Y esa sujeción al Padre, Jesús la iba experimentando y viviendo en su oración, en el continuo contraste de su experiencia de Dios como Abba (Padre) con la experiencia de la realidad que él vivía.

Allí aprendió Jesús que entregarse al Padre significaba anunciar al reino, significaba muchas veces curar en sábado, significaba comer con los desclasados y escandalizar (en el nombre de Dios) a aquella sociedad que lo criticaba también en nombre de Dios, llamándole blasfemo. Allí aprendió también que entregarse al Padre significaba educar a los suyos, soportar la oposición que iba levantando su mensaje y dejar la llegada del reino exclusivamente en manos del Padre. Allí aprendió que la obediencia/entrega significaba no retroceder en su camino ante las amenazas de muerte. Y así fue como Jesús, aunque era el Hijo, aprendió en sus propios sufrimientos que el destino de la persona se labra en la disponibilidad y llegado así a la plenitud de su ser, se convirtió en causa de eterna salvación para todos los que le obedecen. Porque, en la disponibilidad, no te haces tú según tus propios proyectos, sino que dejas que otro, a quien te has entregado, te vaya haciendo[121].

La obediencia/entrega de Jesús aparece de modo inequívoco en los escritos narrativos del Nuevo Testamento, los evangelios. Pero, de un modo especialmente singular, el autor de la epístola a los Hebreos dibuja la entrega de Jesús desde un lugar de observación inédito. La originalidad del autor de esta carta radica en que se sirve de categorías cultuales y sacerdotales para presentar la persona y la obra de Jesús. Y, entonces, hay que preguntarse por qué, ya que su vida y actividad no sugerían la aplicación de ese título. Es más, Jesús fue sociológicamente "un laico", de la tribu de Judá y no de la tribu de Leví como era

---

[121] GONZÁLEZ FAUS J.I. Op. Cit. págs. 70-71

preceptivo para participar del sacerdocio[122]. Sin embargo, la argumentación de la carta para considerarle verdadero y único sumo sacerdote no consiste en cuestiones de carácter legal, sino en *el ejercicio concreto de su humanidad.*

He. 2:17-18 – "Por lo cual, debía ser en todo semejante a sus hermanos, para venir a ser misericordioso y fiel sumo sacerdote en lo que a Dios se refiere, para expiar los pecados del pueblo. Pues en cuanto él mismo padeció siendo tentado, es poderoso para socorrer a los que son tentados.

Este texto es la primera gran afirmación que hace la carta a los Hebreos sobre el sacerdocio de Jesús. Y lo que pretende es explicar cómo Jesús accedió al sacerdocio. Ahora bien, aquí aparece ya el contraste radical ente el sacerdocio del Antiguo Testamento y el sacerdocio de Jesús. En el judaísmo, la condición necesaria para poder ser sacerdote era la *separación.* Y al sacerdocio sólo tenían acceso los que procedían de la familia de Aarón y, más en concreto, de la estirpe de Sadoq (Ex. 29:29-30; 40:15). En el caso de Jesús, la cosa es completamente al revés. Lo que se exige para poder ser sacerdote no es la *separación* sino la *asimilación,* es decir, hacerse en todo igual a los demás. En otras palabras, la condición indispensable que Jesús tuvo que cumplir para poder acceder al sacerdocio, fue renunciar a todo tipo de distinción, de diferencia, de superioridad, de dignidad, de separación. Por eso, tuvo que despojarse de todo rango (Fil. 2:7), que es exactamente lo contrario de lo que ocurría con el sumo sacerdocio entre los judíos en tiempos de Jesús.

El texto de la carta a los Hebreos dice que Jesús es capaz de auxiliar a los que sufren porque él mismo ha pasado por la escuela del dolor (He. 2:18). Es decir, se trata de comprender, en primer lugar, que Jesús vino a este mundo para ser el sumo

[122] SOBRINO J. Op. Cit. Págs. 193-194

sacerdote definitivo. Se trata de comprender, en segundo lugar, que la finalidad del sacerdocio de Cristo no fue realizar funciones sagradas en el templo, sino remediar el sufrimiento humano. Y se trata de comprender, sobre todo, y en tercer lugar que el sufrimiento humano no se remedia desde la dignidad y la superioridad, o sea, desde arriba y a modo de limosna, sino que únicamente puede auxiliar a los que sufren el que pasa por el dolor que pasan los que peor lo pasan en la vida.

Cuando Jesús se dedicó a dar la "buena noticia" a los pobres, a curar a los enfermos, limpiar a los leprosos, expulsar demonios y liberar cautivos, es decir, cuando se entregó de lleno a remediar el sufrimiento humano, lo hizo de tal manera que acabó siendo tenido por un endemoniado (Mr. 3:22), por un excluido como les pasaba a los leprosos (Mr. 1:45), por un pecador (Jn. 9:16), un samaritano (Jn. 8:48). Cualquier cosa, desde luego, menos un poderoso de este mundo que "se digna ayudar" a los necesitados. Al contrario, en el modo de proceder de Jesús no se trata solamente de que se puso al mismo nivel que los demás, sino de algo más fuerte. Se trata de que se puso por debajo de todos, porque sólo desde la identificación con lo más bajo de este mundo se puede remediar el dolor del mundo. Por muy fuerte que resulte decirlo, de eso no quiso librarse ni el mismo Dios[123].

He. 5:6-8 – "Y Cristo, en los días de su carne, ofreciendo ruegos y suplicas con gran clamor y lágrimas al que le podía librar de la muerte, fue oído a causa de su temor reverente. Y aunque era Hijo, por lo que padeció aprendió la obediencia; y habiendo sido perfeccionado, vino a ser autor de eterna salvación para todos los que le obedecen; y fue declarado por Dios sumo sacerdote según el orden de Melquisedec".

---

[123] CASTILLO J.M. Op. Cit. Págs. 118-119

La conexión de Jesús con el sacerdocio, según el autor de la carta a los Hebreos, consiste en una determinada manera de entender la existencia[124]. De ahí que la suya no sea una humanidad cualquiera, sino la que se ejercita a la manera de fraternidad y solidaridad[125]. La vida entera de Jesús es presentada y comprendida como *sacrificio*. En realidad, se trata del sacrificio definitivo, realizado "una vez y para siempre".

El escritor de la carta a los Hebreos conocía numerosos episodios de la vida de Jesús cuando, como dice el texto, "ofrecía ruegos y súplicas al que le podía librar de la muerte". Pero para nosotros, que estamos restringidos a las narraciones del evangelio, Getsemaní parece ofrecer la ilustración más viva de estas palabras:

Mt. 26:37-39 – "Y tomando a Pedro, y a los dos hijos de Zebedeo, comenzó a entristecerse y a angustiarse en gran manera. Entonces Jesús les dijo: Mi alma está muy triste, hasta la muerte; quedaos aquí y velad conmigo. Y yendo un poco adelante, se postró sobre su rostro, orando y diciendo: Padre mío, si es posible, pase de mí esta copa; pero no sea como yo quiero, sino como tú".

Mr. 14:33-36 – "Y tomó consigo a Pedro, a Jacobo y a Juan, y comenzó a entristecerse y a angustiarse. Y les dijo: Mi alma está muy triste, hasta la muerte; quedaos aquí y velad. Yéndose un poco adelante, se postró en tierra y oró que si fuese posible, pasase de él aquella hora. Y decía: Abba, Padre, todas las cosas son posibles para ti; aparta de mí esta copa; mas no lo que yo quiero, sino lo que tú".

Lc. 22:39-44 – "Y saliendo se fue, como solía, al monte de los Olivos; y sus discípulos también le siguieron. Cuando llegó

---

[124] GONZÁLEZ FAUS J.I. "Hombres de la comunidad". Sal Terrae. 1989. Pág. 17

[125] SOBRINO J. Op. Cit. Pág. 181

a aquel lugar, les dijo: Orad que no entréis en tentación. Y él se apartó de ellos a distancia como de un tiro de piedra; y puesto de rodillas oró, diciendo: "Padre, si quieres, pasa de mí esta copa; pero no se haga mi voluntad, sino la tuya... y estando en agonía, oraba más intensamente; y era su sudor como grandes gotas de sangre que caían hasta la tierra".

La pasión de Cristo no es, como a veces suele pensarse, una subida heroica al monte del dolor y Cristo un titán asombroso que carga sobre sus hombros todo lo que haga falta. Nada de eso. Se trata de una caída, un derrumbamiento, un agachar la cabeza y penetrar por el túnel de la angustia, del desamparo y de la muerte. Muchas páginas de la vida de Jesús pueden entenderse desde la lógica humana, sin necesidad de la fe. Esta no. Porque no se trata de una página más de la historia, sino de mucho más.

¿Qué sucedió aquella noche en el huerto de Getsemaní?. ¿Hasta dónde llegaron los sufrimientos de Jesús para que el autor de la carta a los Hebreos rozando el escándalo hablara de: "Ruegos, súplicas, gran clamor, lágrimas ante el que le podía librar de la muerte?. ¿Qué implicaba la afirmación de que Jesús: "fue oído a causa de su temor reverente"? ¿Por qué se asocia este drama al "aprendizaje de la obediencia"?.

Lo más asombroso del registro de los evangelios no es tanto lo que los autores narran, sino el hecho de que todos ellos lo describan con una naturalidad que aún es más desconcertante. Porque, sin aportar explicaciones que evitaran el escándalo, los sinópticos presentan la imagen del Dios encarnado "a los pies de los caballos". Parece un Dios acorralado por el miedo, un redentor al borde de la deserción, una persona atrapada sin salida.

Para la cultura greco-romana Dios es alguien absolutamente inalcanzable. Es la imagen del desapego perfecto, de la impasibilidad ante el dolor. Se trata de alguien inalcanzable a quien jamás rozan nuestras miserias, alejado del mundo de las apariencias sensibles. Pero este Jesús del huerto, es un Dios caído, venido a menos, a nada, hundido hasta tal punto en la realidad humana que parece sumergido en la misma miseria, vuelto él mismo miseria. El Jesús de los evangelios no es, como algunos piensan, un asceta que va progresivamente purificándose, desprendiéndose de la tierra que pisa, alejándose paso a paso de la condición humana. Es, por el contrario, alguien que va hundiéndose en la realidad del ser humano hasta asumirla en toda su plenitud, en la agonía del huerto y en la muerte que llega[126].

Hasta el momento, todas las páginas del evangelio nos habían mostrado un Jesús sereno, de alma transparente, seguro de sí mismo, unido estrechamente con su Padre que siempre oía su oración, obrando y hablando como quien tiene poder para realizar cuanto quiere, desconocedor de la vacilación, de la duda o del miedo. Pero ahora, nos encontramos, de repente, con un Jesús poseído por la tristeza, turbado en su mente, angustiado en su corazón, repitiendo hasta tres veces una oración como quien teme no ser oído, necesitado de consuelo y mendigando compañía ante el peligro de una muerte inminente[127]. Si los evangelistas hubieran querido hacernos propaganda de un Dios convencional, tendrían que haber escrito los relatos de otro modo. Pero no nos escamotearon ni un solo pedazo de la verdadera realidad de Jesús de Nazaret.

---

[126] MARTÍN DESCALZO J.L. "Vida y misterio de Jesús de Nazaret". La cruz y la gloria. III. 1994. Pág. 204-205. La agonía del huerto es, quizá, el misterio de la vida de Jesús que más turba y desorienta. Que Jesús haya sufrido hambre, sed, fatiga, calor y frío, no es algo que nos maravilla desde el momento en que él quiso tomar una naturaleza semejante, en todo y para todo a la nuestra, excepto en el pecado. Pero, ¿cómo es posible que el sufrimiento haya podido abrir una brecha tan profunda en la esfera de su intimidad?. La respuesta es muy comprometida ¿verdad?.

[127] Ibid pág. 205-206

¿Qué es lo que destaca realmente en este cuadro tan dramático de la experiencia de Jesús?.

La forma de la oración de Jesús. La forma tradicional de orar entre los judíos es de pie y con los brazos extendidos. Sin embargo, según Mateo 26:39 "Se postró sobre su rostro", según Marcos 14:35 "Se postró en tierra" y según Lucas 22:41 "Se puso de rodillas". Estamos ante una oración al mismo tiempo habitual y desconcertante. Habitual por la ternura de ese "Abba" con el que Jesús solía iniciar todas sus plegarias. Pero, a la vez, desconcertante por su expresión física que revela una tensión límite nunca antes experimentada. Estamos ante el hombre doliente.

La necesidad de la ayuda humana. Mientras la angustia conmovía los cimientos de su vida, Jesús mendigaba la compañía de sus discípulos en oración y proximidad[128]. "Velad conmigo" (Mt. 26:38; Mr. 14:34). Y no pudieron.

Una distinción dramática y sorprendente. Lo más significativo de todo el pasaje, es una distinción que nunca antes habíamos encontrado en la experiencia de Jesús. Él había afirmado siempre: "Mi comida es hacer la voluntad de mi Padre" (Jn. 4:34). "No busco mi voluntad, sino la del que me envió, la del Padre" (Jn. 5:30). "He descendido del cielo, no para hacer mi voluntad, sino la voluntad del que me envió" (Jn. 6:38). ¿Por qué la distingue ahora?. ¿Es que ha fracasado?. La respuesta es no.

Asaltado por la angustia de la muerte que le acecha, ¿siente el deseo instintivo de escapar de ella?. En cualquier caso, no rechaza ese impulso, sino que lo presenta a Dios como una oración suplicante que no le impone a Dios una solución fijada de antemano. Porque, el que ora, se prohíbe a sí mismo decidir su camino, abriéndose a la acción de Dios. El que ora, en

---

[128] Ibid pág. 212-213

realidad, entrega su destino a Dios. Se comprende, entonces, por qué el autor de la carta a los Hebreos llama a la oración de Jesús una "ofrenda", puesto que fue escuchada a causa de su temor reverente[129].

En este momento de su pasión, siguiendo al apóstol Pablo, podríamos afirmar que Jesús "se hace pecado" (2ª Co. 5:21). Por eso, es necesario ampliar nuestro horizonte de comprensión al contemplar esta escena del evangelio. Porque, no se trata sólo de morir, sino de redimir, es decir, de hacer suyos todos los pecados de los hombres para ocupar el lugar de los pecadores. Solemos pensar que Jesús "cargó" con los pecados del mundo como quien toma un saco y lo lleva a su espalda. Pero eso no hubiera sido redención auténtica. Para que exista una verdadera redención debe haber una verdadera sustitución de víctimas y la que muere debe hacer suyas todas las culpas por las que los demás estaban castigados a la muerte eterna.

El ser humano sabe vivir con su pecado sin que éste lo desgarre. No lo identifica ni lo mide en toda su profundidad. Sin embargo, Jesús sabía en todas sus dimensiones lo que era el pecado. Estaba, pues, haciendo suyo lo que era contrario de sí mismo: "Todos nosotros nos descarriamos como ovejas, cada cual se apartó por su camino, mas el Señor cargó en él el pecado de todos nosotros". Estas palabras, escritas en el libro del profeta Isaías 53:6, tienen su eco en 2ª Co. 5:21 - "Al que no conoció pecado, por nosotros lo hizo pecado, para que nosotros fuésemos hechos justicia de Dios en él".

A partir de aquí, podemos afirmar que Dios no se hizo hombre según la medida de nuestras ideas de humanidad. Se hizo hombre como nosotros no querríamos serlo nunca, un

---

[129] VANHOYE A. "Sacerdotes Antiguos, sacerdote nuevo". Sígueme. 1984. Págs. 140-141

crucificado y un maldecido. Si a Jesús, el crucificado, se le llama "imagen del Dios invisible" (Col. 1:15), esto significa: Ese es Dios y así es Dios. Dios no es más glorioso que en esa entrega. Dios no es más poderoso que en esta impotencia[130]. Dios no es más divino que en esta humanidad.

Conclusión

El sufrimiento, la cruz y la muerte de Jesús son revelación de Dios. La cruz muestra cómo Dios en su confrontación con la historia de la violencia de los ídolos, expone, arriesga y "pierde". La cruz de Jesús es presencia de Dios y, en ella, soportando la historia que las personas forjamos y cargando con ella, él mismo se la juega. La cruz revela todo el poder de los ídolos y toda la gravedad del pecado del mundo, capaz de arrancar violentamente al Hijo de las manos del Padre, y alcanzándole en el dolor y el sufrimiento.

En este acontecimiento central del cristianismo, la cruz, el Dios todopoderoso va apareciendo en la historia como un Dios que paulatinamente se "debilita" y se hace vulnerable por amor a los hombres. Y este "debilitamiento" llega hasta unos límites tan insospechados y sorprendentes que cuando los hombres intentan arrebatar de sus manos aquello que más quiere y más suyo es, Jesús, su Hijo Unigénito, Dios lo entrega. La cruz representa "el desarme unilateral de Dios". Jesús, el Unigénito Hijo de Dios, es el don y la ofrenda hecha por

---

[130] MOLTMANN J. Op. Cit. Pág. 285. La grandeza se manifiesta en el rebajamiento, con lo que, sin embargo, no disminuye la grandeza".

Dios a la humanidad, hasta el extremo de su muerte sacrificial, ya evocada en el Antiguo Testamento por el sacrificio de Abraham (Gén. 22:1-14)[131]. La cruz de Jesús se convierte, entonces, en el coste que Dios mismo estuvo dispuesto a pagar y pagó por amor a los seres humanos a causa de su pecado, con el fin de que estos participen de "la vida de su vida" y alcancen así la salvación.

---

[131] GONZÁLEZ FAUS J.I. y otros Op. Cit. Pág 132-133

7

LA RESURRECCIÓN DE JESÚS

Lucas 24:1-8 – "El primer día de la semana, muy de mañana, vinieron al sepulcro, trayendo las especias aromáticas que habían preparado, y algunas otras mujeres con ellas. Y hallaron removida la piedra del sepulcro; y entrando, no hallaron el cuerpo del Señor Jesús. Aconteció que estando ellas perplejas por esto, he aquí se pararon junto a ellas dos varones con vestiduras resplandecientes; y como tuvieron temor, y bajaron el rostro a tierra, les dijeron: ¿Por qué buscáis entre los muertos al que vive?. No está aquí, sino que ha resucitado. Acordaos de lo que os habló, cuando aún estaba en Galilea diciendo: Es necesario que el Hijo del Hombre sea entregado en manos de hombres pecadores, y que sea crucificado, y resucite al tercer día. Entonces ellas se acordaron de sus palabras".

Introducción

Muchos de nosotros hablamos de la resurrección como si se tratase de una simple demostración de que Jesús era quien decía ser, y eso es todo. Sin embargo, el principio y el fin de toda pregunta que se hace sobre el conocimiento de Jesús consiste en enriquecer nuestra comprensión de la resurrección.

Vamos a recordar algunos hechos fundamentales. Si nosotros tenemos fe es porque hemos recibido un testimonio. Todo empezó un domingo por la mañana, en el siglo I, cuando un grupo de personas empezaron a hacer extraordinarias declaraciones sobre alguien que había sido ejecutado el viernes. Está claro que algo le había ocurrido, y algo les había ocurrido también a ellos. Durante un período de unos treinta años o más, estas personas nos dejaron testimonio de lo que habían vivido, y empezaron a desarrollar su comprensión de los hechos, sentándose a escribirlos con la ayuda de otras personas. Gracias a sus experiencias fueron capaces de hacer una relectura de sus propios recuerdos y entender aún mejor su relación con aquel que había sido ejecutado. A partir de ahí, las experiencias que habían vivido con él comenzaron a tener un sentido unificador nuevo, a pesar de que antes no habían entendido correctamente muchas de las cosas en las que habían sido enseñados.

Este testimonio no habría tenido ningún sentido si el ejecutado hubiera sido un simple ser humano. En cambio, el testimonio de los apóstoles se refiere a la resurrección, es decir, la irrupción de un acontecimiento nuevo en sus vidas, algo que se podía experimentar realmente. No era sólo un hecho que podían haber añadido al final del Credo para enriquecer el relato de lo que había ocurrido. Era precisamente lo que hizo posible el Credo. De no haber existido la resurrección, no habría Nuevo Testamento, ya que el Nuevo Testamento *es* el testimonio que los apóstoles dan de la resurrección.

Por tanto, lo que tenemos es un testimonio. Recibimos ese testimonio en la comunidad que ha recibido a su vez las enseñanzas de los apóstoles. Sin embargo, no podemos entender lo que hizo Jesús ni lo que significó la resurrección, sin analizar en qué contexto enseñó, vivió y murió. Todo eso significa, igualmente, recibir el Antiguo Testamento. El testimonio que nos han entregado de los apóstoles incluye el Antiguo Testamento, por eso nos pueden explicar el significado profundo de lo que ocurrió ese domingo por la mañana. El Antiguo Testamento no puede ser considerado de ninguna manera un manual de leyes y prácticas. No es eso. Acogemos esta primera parte de las Escrituras porque nos muestra el plan que Dios llevó a cabo con su pueblo, y nos sirve de modelo para entender lo que Dios quería enseñarnos cuando Jesús resucitara de los muertos[132].

7.1 LA RESURRECCIÓN COMO CLAVE HERMENÉUTICA DE TODA CRISTOLOGÍA.

La resurrección de Jesús constituye, no sólo el momento desencadenante de la fe de los discípulos, sino la fuente misma de toda cristología. Es evidente que este hecho se sitúa como "la cuna teológica" de la fe en Jesús y lo que impulsó decididamente la reflexión creyente. Así aparece en repetidas ocasiones en el libro de los Hechos:

"A este Jesús resucitó Dios, de lo cual todos nosotros somos testigos" (Hch. 2:23, 24, 32; 3:15; 4:10; 5:30; 10:39ss; 13:28-30).

La fe cristiana comenzó a hallar su propia expresión, tan pronto como se afirmó que Dios había resucitado de los muertos a Jesús de Nazaret, a quien los hombres habían dado muerte.

En los evangelios sinópticos que, a diferencia de Pablo, presentan la vida y actuación terrena de Jesús, encontramos

132 ALISON J. "Conocer a Jesús. Cristología de la no violencia". Secretariado Trinitario. Págs. 20-21.

el mismo pensamiento fundamental de la iglesia primitiva. Las predicciones de Jesús contienen, por lo general, la explicación de lo que le harán los hombres y la promesa de su resurrección:

"Y comenzó a enseñarles que *le era necesario* al Hijo del Hombre padecer mucho y ser desechado por los ancianos, por los principales sacerdotes y por los escribas, y ser muerto, y resucitar después de tres días..." (Mr. 8:31ss; 9:31ss; 10:33ss).

Este pensamiento era de tal importancia, que el Señor lo repitió insistentemente, si bien a los autores sagrados no se les escapa que los discípulos no lo captaron. Esa misma afirmación central del evangelio se encuentra presente en todo el Nuevo Testamento. Es significativo el testimonio de Pablo poniendo de relieve estas ideas al valerse del ejemplo de Abraham (Rom. 4:17ss), aunque siempre une la cruz y la resurrección construyendo su argumentación a partir de esos dos inseparables acontecimientos. Este punto de vista es central en su cristología y destaca en el texto de 1ª Co. 15:3ss:

"Porque primeramente os he enseñado lo que asimismo recibí: Que Cristo murió por nuestros pecados, conforme a las Escrituras; y que fue sepultado y que resucitó al tercer día, conforme a las Escrituras; y que apareció a Cefas, y después a los doce".

Un enfoque teológico tan distinto como el del Apocalipsis de Juan, escrito hacia finales del siglo I, mantiene, no obstante, la misma afirmación cristológica:

"... Yo soy el primero y el último; y *el que vivo y estuve muerto*; mas he aquí que vivo por los siglos de los siglos, amén (Ap. 1:17-18)[133].

---

[133] DELÁS E. Op. Cit. Pág. 13-14

7.2 LA RESURRECCIÓN COMO TRIUNFO SOBRE EL DESENCANTO Y EL FRACASO.

Si la resurrección de Jesús es un hecho real y constatable, entonces todo cobra un nuevo sentido. Pero, para comprenderlo, es preciso imaginar con realismo la situación interna de la comunidad creyente después de la Pascua. Luego de la ejecución de Jesús en la cruz, parecía estar definitivamente claro que no podía ser el Mesías. La concepción de un Mesías manso, con espíritu pacificador, estaba muy lejos de la mentalidad del judaísmo contemporáneo. Por tanto, "la maldición de aquel que cuelga del madero" (Gál. 3:13) tuvo que constituir un desafío insuperable para los discípulos. Esta crisis aparentemente irreversible, se percibe en el abandono de Jesús en la cruz del Calvario por parte de todos los cercanos. El hecho no documenta sólo cobardía, sino una fe refutada por la realidad de una muerte terrible. La vergonzosa muerte de Jesús fue para los discípulos que lo habían seguido hasta Jerusalén, no el perfeccionamiento de su obediencia frente a Dios, ni tampoco la prueba martirial a favor de su verdad, sino la refutación de su pretensión. No confirmó las esperanzas que en él habían puesto, sino que las deshizo profundamente[134]. Por tanto, si la realidad no incluye más acontecimiento que la muerte y esa muerte, hay que concluir que Jesús de Nazaret es uno entre muchos otros aspirantes a Mesías a quien no le ha ido mejor.

Sin embargo, el acontecimiento de la resurrección de Jesús de Nazaret sitúa todo su itinerario bajo una nueva luz. Los discípulos, a partir de esta constatación, empezaron a estar capacitados para contar la historia de lo sucedido a Jesús, no desde la condición de personas confundidas, asustadas y cobardes, sino

---

[134] MOLTMANN J. Op. Cit. Pág. 188

desde la perspectiva del mismo Dios. De repente, supieron ver que todo aquello tenía un sentido que era preciso ir desentrañando desde un lugar de observación distinto. No "de repente" como un "flash", pero si en perspectiva pascual, es decir, a partir del conocimiento experiencial de la resurrección. Los discípulos supieron reflexionar en todos los acontecimientos que habían presenciado, y en los que había tomado parte, y comprender lo que había sucedido en realidad desde el principio, a pesar de su ceguera inicial. Da prueba de ello, en primer lugar, el uso que hacen de las citas del Antiguo Testamento, para demostrar cómo lo que parecía ser otra violencia sangrienta sin más era, de hecho, el necesario cumplimiento de la profecía. Por eso, en el evangelio de Marcos, fueron capaces de ver en la pasión el cumplimiento del salmo 22 que comienza así: "Dios mío, Dios mío, ¿por qué me has abandonado?".

Ahora bien, es importante comprender que cuando los discípulos empezaron a reconocer el cumplimiento de las profecías en los acontecimientos que rodearon la ejecución de Jesús, no se limitaron a decir: "Vaya, se han cumplido las Escrituras; he aquí los textos que lo demuestran". Nada de eso. Ellos habían comprendido algo absolutamente nuevo respecto al modo en que Dios se manifiesta a la humanidad, y fueron rastreando todos esos indicios en las páginas del Antiguo Testamento. Fue eso lo que les hizo ser capaces de retroceder en sus recuerdos y contar la historia de Jesús como la de la víctima que se entrega voluntariamente. La prueba está en la primera predicación del apóstol Pedro en el libro de los Hechos. Sus primeras palabras están llenas de referencias al Antiguo Testamento y demuestran que entiende la crucifixión como el rechazo por parte de Israel del Hijo de Dios encarnado; un rechazo marcado por la dureza del corazón y la ignorancia[135]. Por eso, la resurrección ofrece

---

[135] ALISON J. Op. Cit.Págs. 49-51

la oportunidad del perdón y la ocasión de ser arrancados de la ignorancia sobre Dios y el pecado. Ya no hay lugar para el desencanto, el fracaso o la desesperación: Cristo ha resucitado.

7.3 LA RESURRECCIÓN DE JESÚS Y LA REHABILITACIÓN DE LAS VÍCTIMAS.

La rehabilitación de las víctimas se encuentra en el origen de la creencia en la resurrección de los muertos, tal como fue formulada por el pensamiento judío, siglos antes de Jesucristo (Dn. 12:1-3). Cuando en Israel estaba en entredicho el viejo principio de la retribución y se ponía en cuestión la justicia de Dios para con las víctimas, la esperanza en la resurrección viene a disipar todas las dudas. La resurrección se convirtió entonces en la respuesta al problema de la muerte violenta de las personas que habían servido a Dios fielmente hasta las últimas consecuencias. Era, en definitiva, un problema de justicia. La fe del Antiguo Testamento en la resurrección era un símbolo teológico que expresaba la confianza en la justicia de Dios, la sed de justicia, la reivindicación del tribunal de que se carece en la tierra.

Ese es también el sentido que da a la muerte y resurrección de Jesús la primera predicación apostólica. En el discurso de Pedro en Pentecostés, la argumentación es la siguiente: Dios acredita a Jesús de Nazaret ante los judíos con signos y prodigios. Los judíos lo mataron crucificándolo. Dios lo resucitó librándolo del poder de la muerte y lo constituyó "Señor y Cristo" (Hch. 2:22-36). La muerte en la cruz había hecho de Jesús a los ojos del mundo un ser abandonado por Dios. La fe que en él habían depositado los apóstoles, atestiguada por su seguimiento, por su participación en la proclamación del reino de Dios, se había visto quebrada. Pero ahora todo se revoluciona. Vuelven a creer en él como el Hijo de Dios sentado a la derecha del Padre y entronizado con poder[136].

Similar argumentación es utilizada un poco más adelante en el discurso de Pedro ante el pueblo: "Matasteis al autor de la vida, a quien Dios ha resucitado de los muertos, de lo cual nosotros somos testigos" (Hch. 3:15-16). ¿Qué sentido tiene, entonces, la resurrección del ajusticiado y condenado Jesús?. Que Dios ha reabierto el proceso teniendo a los apóstoles como testigos, lo ha rehabilitado y declarado el Cristo, el Hijo de Dios. De esta manera queda ratificada la proclamación por Jesús de la justicia misericordiosa y restauradora de Dios, y el acontecimiento de su entrega, muerte y resurrección se convierte en la revelación de la justicia rehabilitadora de Dios[137].

7.4 LA RESURRECCIÓN COMO REALIDAD QUE SUSCITA NUEVA VIDA.

Con excepción de algunos grupos minoritarios como los saduceos, la fe en la resurrección era un dato común para los judíos del tiempo de Jesús y, por tanto, lo era también para sus discípulos. Que, muerto Jesús, los discípulos creyesen que Dios lo resucitaría al final, sería una consecuencia natural de su fe judía. Lo verdaderamente nuevo, lo que marcó un antes y un después y abrió una nueva comprensión de la existencia, fue que su resurrección se proclamase como *ya* acontecida, sin esperar al final de los tiempos[138] Nunca antes se había hablado

---

[136] BOFF L. "Jesucristo Liberador". Sal Terrae. 1994. Pág. 142

[137] TAMAYO J.J. Op. Cit. Págs. 170-171

[138] GUIJARRO S. y otros Op. cit. Págs. 167-168

así de nadie; nunca de ninguna persona se había proclamado con tal claridad e intensidad su resurrección de entre los muertos. Por eso, el testimonio apostólico subraya que éste a quien Dios resucitó tras su muerte nos proporciona, no sólo una nueva comprensión de la existencia, sino una nueva base existencial[139].

7.4.1 Resurrección y seguimiento de Jesús.

La resurrección en su sentido más estricto habla para nosotros del más allá de la muerte. Sin embargo, en Jesús aparece con claridad que, desde su estructura más íntima, remite igualmente al más acá, a la vida histórica. Quien resucita es el crucificado, de modo que su vida auténtica no es rota y aniquilada por el terrible trauma de la muerte, sino que es acogida por el Dios que resucita a los muertos. No se trata, pues, de una vida distinta y superpuesta, sino de su única vida, ahora revelada en toda su plenitud. La resurrección no es una "segunda" vida, ni una simple prolongación de la presente, sino la manifestación de la vida en plenitud por el poder de Dios.

Por eso, la esperanza en la resurrección no significa una escapada al más allá, sino una radical remisión al más acá, al cultivo auténtico de la vida y al compromiso del trabajo en la historia. Esto fue lo que, frente al abuso de "los entusiastas" que creyéndose ya resucitados despreciaban esta vida, comprendió la primera comunidad cristiana. El apóstol Pablo ataca duramente una actitud que se apodera de la resurrección, creyendo posible anticiparla como una realidad milagrosa, sin haber construido antes la vida misma en el mundo y la historia. Esto es tan importante que fue uno de los motivos principales que llevaron a la creación de los evangelios: Recordar

[139] DELÁS E. Op. Cit. Pág. 16

que el resucitado es el crucificado, y que su resurrección se gestó en el marco de una vida de amor, fidelidad y entrega[140].

La fe en la resurrección, entonces, no se agota en asumir un dogma y en tomar nota de un hecho histórico, sino que implica participar en este acto creativo de Dios. Si sólo fuera un hecho histórico, diríamos "qué bien" tomaríamos nota y seguiríamos con nuestras vidas como siempre. Pero si se trata de un acto creativo de Dios, entonces nacemos a una nueva vida cuando lo reconocemos y entendemos realmente. Por consiguiente, cuando hablamos de la resurrección de Cristo, no hablamos de un acontecimiento pasado y perdido en el tiempo, sino de un acontecimiento del pasado que, en el Espíritu, marca el presente porque abre las puertas al futuro de la vida eterna[141]. Así que, no se trata de "un opio de ultratumba" que entretiene con vanas promesas, sino de la fuerza capaz de hacer que la vida renazca a imagen y semejanza de Jesús de Nazaret, modelo de imitación y seguimiento para todos.

7.4.2 La Iglesia: Manifestación de la vida del Jesús resucitado en forma de comunidad.

"Yendo por el camino, aconteció que al llegar cerca de Damasco, repentinamente le rodeó un resplandor de luz del cielo; y cayendo en tierra, oyó una voz que le decía: Saulo, Saulo, ¿por qué me persigues?. Él dijo: ¿Quién eres, Señor?. Y le dijo: Yo soy Jesús, a quien tú persigues; dura cosa te es dar coces contra el aguijón". (Hch. 9:3-5).

En el camino de Damasco, Jesús se apareció a Pablo como el perseguido: "Yo soy Jesús a quien tú persigues" (Hch. 9:5) Ese fue el impacto que el Señor resucitado produjo en él. No

---

[140] GUIJARRO S. Op. Cit. Pág. 195

[141] MOLTMANN J. Op. Cit. Págs. 69-70

se le apareció sólo como el Señor triunfante, el Jesús victorioso, sino como el perseguido. De este modo, el futuro apóstol percibió que el Jesús resucitado (su persona) es el Jesús perseguido (su Iglesia). Dicho de otra manera, el impacto producido en su persona consiste en que él se dio cuenta de que es Dios a quien ha estado persiguiendo en el nombre de Dios. Y es el descubrimiento de la presencia del Hijo de Dios como el resucitado/perseguido lo que significa para él el perdón, la posibilidad de una vida totalmente nueva, de una revisión y transformación de todo aquello que él había creído. La presencia gratuita fue la del Crucificado Resucitado, ahora perseguido, pero no como acusación condenatoria, sino como perdón. Gracias a la persecución en la que estaba implicado, Pablo descubrió su implicación en la persecución de Dios plasmada en la persecución de su pueblo, llegando así a rendir culto a Dios como víctima[142]. En la experiencia del apóstol y en su pensamiento teológico, entonces, la Iglesia perseguida será siempre, en el poder del Espíritu, la continuación en el tiempo de la vida del Jesús resucitado en forma de comunidad.

7.4.3 La resurrección de Jesús y la Iglesia.

"Pero Dios, que es rico en misericordia, por su gran amor con que nos amó, aun estando nosotros muertos en pecados, nos dio vida juntamente con Cristo, por gracia sois salvos, y juntamente con él nos resucitó y asimismo nos hizo sentar en los lugares celestiales con Cristo Jesús, para mostrar en los siglos venideros las abundantes riquezas de su gracia en su bondad para con nosotros en Cristo Jesús". (Ef. 2:4-7).

La resurrección plantea muchas preguntas de difícil respuesta. Hemos de reconocer que es mucho más lo que

---

[142] ALISON J. Op. Cit. Pág. 37

ignoramos que lo que sabemos. Con todo, existen algunas cuestiones en el amplio horizonte de este asunto por las que debemos dejarnos interrogar:

¿Por qué no apareció Jesús resucitado a todos sus enemigos (Pilato, Herodes, Caifás, los fariseos, los escribas, los saduceos, etc.) mostrando con ello un poder incontestable y verificando la realidad histórica de su victoria sobre la muerte?. ¿Por qué no terminar de un "plumazo" con toda oposición en el cielo y en la tierra?. Pudo haber sido todo mucho más fácil ¿no?. Con una simple aparición pública masiva se hubiese disipado toda duda. ¿Por qué no fue así?. ¿Por qué no se reveló la resurrección como una apoteosis apabullante de autoridad?.

La resurrección de Jesús de Nazaret no pretende imponerse desde el poder apabullante que somete, domina y controla, sino suscitar la fe sencilla que, bajo el signo de la más absoluta libertad, es capaz de acoger la palabra de Dios como verdad. En el texto que hemos leído se habla de la resurrección en una dimensión anticipada ya en la vida de la Iglesia: "...Nos dio vida juntamente con Cristo (por gracia sois salvos), y juntamente con él nos resucitó y nos hizo sentar en los lugares celestiales con Cristo". El problema es que, acostumbrados como estamos al uso de un lenguaje religioso críptico, nos cuesta trabajo "descodificar" el sentido de una palabra como "resurrección". El significado de este término en nuestros "stocks" de conocimiento aparece emparentado con: "Lo espiritual, lo intemporal, lo invisible, lo eterno, lo último". Es decir, con algo ambiguo que no acaba de significar casi nada para el aquí y el ahora. Y, sin embargo, el énfasis de la Escritura, sin renunciar a la consumación de la resurrección al final de los tiempos, coloca su sentido en "lo visible, lo humano, lo histórico, lo presente". Por tanto, no sólo es verdad que resucitaremos en el día final, sino que por la resurrección de Jesús ocurrida en la historia, la vida de Dios ha sido implantada en nosotros y "ya hemos resucitado" para visibilizar en el tiempo/vida la gracia de Dios y su amor hacia el mundo. Por eso, el acontecimiento de la resurrección se traduce hoy en la Iglesia, por el poder del Espíritu, como fuerza para vivir, fuerza para amar, fuerza para entregar la vida en el servicio a Dios para que el mundo crea que Jesús es el Señor.

CONCLUSIÓN FINAL

¿Es posible construir una imagen correcta de Dios?. El texto del Éxodo es tajante: "No te harás imagen, ni ninguna semejanza de lo que está arriba en el cielo, ni abajo en la tierra, ni en las aguas debajo de la tierra. No te inclinarás a ellas, ni las honrarás, porque yo soy el Señor tu Dios, fuerte y celoso…". El profeta Isaías pregunta: "¿A que, pues, haréis semejante a Dios, o qué imagen le compondréis?. Esto quiere decir que no es posible conocer, ni construir, ni fabricar imagen alguna de Dios desde las posibilidades humanas. Y, sin embargo, el autor del libro de Génesis afirma con absoluta contundencia: "Hagamos al hombre a nuestra imagen y semejanza… y creó Dios al hombre, a imagen de Dios lo creó, varón y hembra los creó" (Gn. 1:26-27).

Desde entonces, es posible contemplar, aún de un modo distorsionado y desfigurado, la imagen de Dios en el hombre (varón y hembra). ¿Y qué sucedería si el hombre contemplado fuera Jesús de Nazaret?. ¿Descubriríamos en este ser humano singular, nacido hace más de dos mil años en Belén de Judea, "la imagen del Dios invisible? (Col. 1:15; 2ª Co. 4:4)[143]. La respuesta es sí, con tal que seamos capaces de deshacernos de todas las demás imágenes de Dios que hemos sido capaces

---

[143] LUNEAU R. Op. Cit. pág. 17-18

de construirnos a medida. Porque, estamos enfermos de imágenes de Dios y las transmitimos de generación en generación sin medir los desastres que engendran. Sin embargo, Jesús de Nazaret habla y muestra a Dios de un modo distinto. Nos lo presenta y entrega libre de las ambiciones y los miedos que, a lo largo de los siglos, hemos querido que él mismo garantizara. "A Dios nadie le ha visto jamás, el Unigénito Hijo que está en el seno del Padre, él le ha dado a conocer" (Jn. 1:18). Jesús de Nazaret nos ha dado a conocer a Dios y, además, como un Dios inesperado. Para nuestra sorpresa, alegría y liberación.

El pastor, maestro y hombre de Dios, Dietrich Bonhoeffer, escribe sobre Jesús estas palabras:

"Todo cuanto tenemos derecho a esperar y pedir a Dios en nuestras oraciones lo encontramos en Jesucristo. El Dios de Jesucristo no tiene nada que ver con lo que debería, tendría y podría hacer el dios que nos imaginamos. Hemos de sumergirnos cada vez más íntimamente, durante mucho tiempo y con mucha paz, en la vida, las palabras, los actos, los sufrimientos y la muerte de Jesús, para así darnos cuenta de lo que Dios promete y cumple. Es cierto que siempre nos es permitido vivir en la proximidad y en la presencia de Dios, y que esta vida es para nosotros una vida completamente nueva; es cierto que nada nos es imposible, porque nada es imposible a Dios; que ningún poder terrenal nos puede tocar al margen de la voluntad de Dios, y que el peligro y la necesidad nos acercan aún más a Dios. Es cierto que no tenemos derecho a ninguna reivindicación, pero sí a toda súplica; es cierto que en el sufrimiento se esconde nuestra alegría, y en la muerte nuestra vida; es cierto que, en todo esto, formamos parte de una comunidad que nos sostiene. Dios ha dicho su sí y su amén a todo esto en Jesús. Y este sí y este amén son el firme suelo en el que nos sustentamos".

En esta época turbulenta, es fácil que olvidemos la razón por la cual vale la pena vivir. Pero la realidad es ésta: Si la tierra fue juzgada digna de albergar a la persona de Jesús; si una persona como él ha vivido entre nosotros, entonces y sólo entonces tiene sentido que nosotros, las demás personas, vivamos. Si Jesús no hubiera vivido, entonces nuestra vida estaría falta de sentido[144]. Pero lo hizo, y lo hizo de tal modo que, después de contemplarle en este mundo, podemos afirmar sin ninguna duda: Dios es Jesús de Nazaret.

[144] LUNEAU R. Op. Cit. Pag. 203

BIBLIOGRAFÍA

AGUIRRE R./RODRIGUEZ CARMONA A. *Evangelios sinópticos y hechos de los apóstoles.* Verbo Divino. 1994.
- *La mesa compartida.* Sal Terrae. 1994.
- *Ensayo sobre los orígenes del cristianismo.* Verbo Divino. 2001.
ALISON J. *Conocer a Jesús.* Secretariado Trinitario. 1994.
AVILA. *El grito de los excluidos.* Verbo Divino. 2006.
BOFF LEONARDO *Jesucristo libertador.* Sal Terrae. 1994.
- *Pasión de Cristo, pasión del mundo.* Sal Terrae. 1980.
BONHOEFFER D. *El precio de la gracia.* Sígueme. 1986.
- *¿Quién es y quién fue Jesucristo?.* Sígueme. 1977
BUSWEL J. OLIVER *Jesucristo y el plan de salvación.* Logoi. 1983.
CASTILLO J.M. *Dios y nuestra felicidad.* Desclée de Brouwer. 2004
- *Víctimas del pecado.* Trotta. 2004.
- *Humanizar a Dios.* Manantial. 2005.
- *El disfraz del carnaval.* Desclée de Brouwer. 2006
CIRILO DE ALEJANDRÍA. *¿Por qué Cristo es uno?.* Ciudad Nueva. 1991.
CLARK KEE H. *¿Qué podemos saber sobre Jesús?.* El Almendro. 1992.
CODA PIERO. *Dios entre los hombres. Breve cristología.* Ciudad Nueva. 1993.
CORDOBILLA D. *Gloria de Dios y salvación del hombre.* Secretariado Trinitario. 1997.

CUENCA JOSE ANTONIO. *Cristología actual y Filipenses 2:6-11.* Clie. 1991.

CULLMAN O. *Cristología del Nuevo Testamento.* Sígueme. 1999.

DRIVER J. *La obra redentora de Cristo y la misión de la Iglesia.* Nueva Creación. 1994.

DELÁS E. *Dietrich Bonhoeffer, un teólogo a contratiempo.* DSM. 2006.

DUPUIS J. *Introducción a la cristología.* Verbo Divino 1994.

DUQUOC J. *Cristología.* Sígueme. 1985.

FULLER R.H. *Fundamentos de cristología neotestamentaria.* Cristiandad. 1979.

GONZÁLEZ A. *Reinado de Dios e imperio.* Sal Terrae. 2003.

GONZÁLEZ FAUS J.I. *Acceso a Jesús.* Sígueme. 1991.

    - *La humanidad nueva.* Sal Terrae. 1984.

    - *Hombres de la comunidad.* Sal Terrae. 1989.

GUIJARRO OPORTO S. y otros. *Jesús de Nazaret. Perspectivas.* PPC. 2004

HENGEL M. *El Hijo de Dios.* Sígueme. 1978.

HÜNERMAN P. *Cristología.* Herder. 1997. Encuentro. 1997.

JEREMÍAS J. *Las parábolas de Jesús.* Verbo Divino. 1997.

    - *Teología del Nuevo Testamento.* Sígueme. 2001.

JOHNSON E. *La cristología, hoy.* Sal Terrae. 2003.

KARRER M. *Jesucristo en el Nuevo Testamento.* Sígueme. 2002.

KASPER W. *Jesús, el Cristo.* Sígueme. 1986.

LACUEVA F. *La persona y la obra de Cristo.* Clie. 1979.

LATOURELLE R. *Milagros de Jesús y teología del milagro.* Sígueme. 1997.

    - *A Jesús el cristo por los evangelios.* Sígueme. 1992.

LOHFING G. *¿Necesita Dios la Iglesia?.* San Pablo. 1999.

LUNEAU R. *Jesús, el hombre que "evangelizó" a Dios.* Sal Terrae. 1999.

LUZ U. *El evangelio según San Mateo*. Sígueme. 1993.

MARTÍN DESCALZO J.L. *Vida y misterio de Jesús de Nazaret*. La Cruz y la Gloria III. 1994

MEIER J. P. *Un judío marginal*. Verbo Divino. 2004.

MOLTMANN J. *Cristo para nosotros hoy*. Trotta. 1997.

    - *El camino de Jesucristo*. Sígueme. 1993.

    - *El Dios crucificado*. Sígueme. 1977.

    - *Teología de la esperanza*. Sígueme. 1989.

MOLTMAN J./MOLTMANN E. *Pasión por Dios*. Sal Terrae. 2007.

    - *Hablar de Dios como mujer y como hombre*. PPC. 1991.

PAGOLA J.A. *Jesús de Nazaret. El hombre y su mensaje*. Idatz. 1994.

    - *Jesús, testigo de una sociedad nueva*. Idatz. 2005.

PANNERBERG W. *Fundamentos de cristología*. Sígueme. 1974.

PIKAZA K. *Este es el hombre*. Secretariado Trinitario. 1997.

SCHILLEBEECKS E. *Jesús, la historia de un viviente*. Trotta. 2002.

SCHNACKENBURG R. *La persona de Jesucristo*. Herder. 1998.

SESBOÜE B. *Jesucristo el único mediador*. Vol. I y II. Secretariado Trinitario. 1998.

SOBRINO J. *La fe en Jesucristo. Ensayo sobre las víctimas*. Trotta. 1999.

    - *Fe y justicia*. Desclée de Brouwer. 1999

STUHLMACHER P. *Jesús de Nazaret, Cristo de la fe*. Sígueme. 1996.

TAMAYO ACOSTA J.J. *Por eso lo mataron*. Trotta. 2004.

VANHOYE A. *Sacerdotes antiguos, sacerdote nuevo*. Sígueme. 1984.

VARONE F. *El Dios "sádico"*. Sal Terrae. 1988.

WARFIELD B.B. *La persona y la obra de Jesucristo*. Clie. 1993.

YANCEY P. *El Jesús que nunca conocí*. Vida. 1996.